ДИАЛОГ
DIALOG

RUSSISCH
FÜR ANFÄNGER
LEHRBUCH

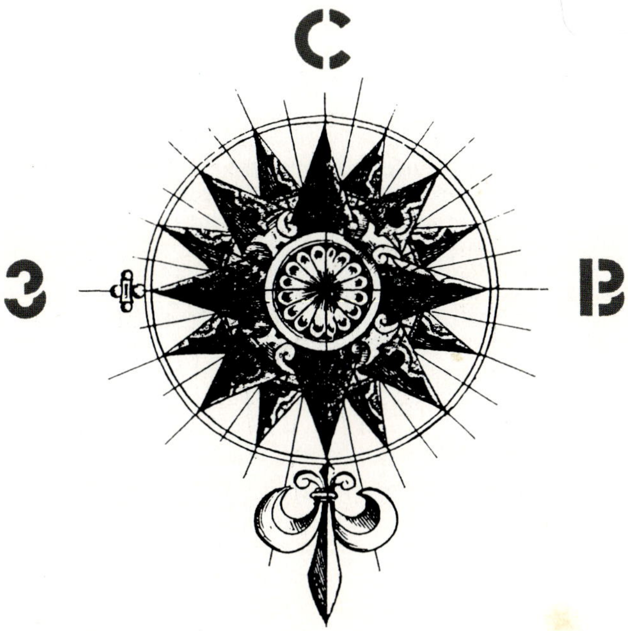

1

Volk und Wissen Verlag GmbH

Autoren: Maja Wolter, Charlotte Atze, Bertolt Brandt, Nina Hoffmann;
unter Mitarbeit von
Tamara Günther, Wilfried Pretzschner, Gisela Roloff

Künstlerische Grundkonzeption, Einband und Illustrationen: Regine Schulz

Autoren und Verlag danken Frau Gudrun Fiedler, Frau Marina Geisler, Herrn Dr. Peter Kerbst, Herrn Dr. Gerhard Pietsch, Herrn Andreas Steppan und Frau Gabriele Weitendorf für Anregungen und Hinweise zur Gestaltung des Manuskripts.

Redaktion: Ernst-Georg Kirschbaum, Katrin Bykowa

Zum Lehrwerk Dialog 1 gehören außerdem:

Arbeitshefte	ISBN 3-06-500725-8 ISBN 3-06-500824-6
Tonbandkassetten	ISBN 3-06-505503-1 ISBN 3-06-505505-8
Lehrerhandbuch	ISBN 3-06-502169-2

Bildnachweis:
V. Billeb, Berlin (S. 128, 188 links unten und rechts, 189 links); W. Bykow, Berlin (S. 50 oben, S. 79 rechts oben und unten, 80 links, 85 links, 129, 137, 140, 187 links); D. Christel, Berlin (S. 50 links und rechts, 80 rechts, 85 rechts, 130, 131, 162 links, 163, 177, 181 rechts oben); E. Gierich, Dresden (S. 181 links oben und rechts unten); I. Goland, Moskau (S. 114 links); R. Knörnschild (S. 38 rechts oben); E. Kondakow, Moskau (S. 121 Mitte, 187 rechts); H. Krumbholz, Berlin (S. 50 unten); A. Roßberg, Berlin (S. 38 rechts unten); K. Schlage, Berlin (S. 38 links oben); U. Schulz, Berlin (S. 89 links oben); D. Steinberg, Berlin (S. 189 rechts); Wendorf, Berlin (S. 38 links unten); G. Wolter, Berlin (S. 89 links unten und rechts, 121, 174, 181 links unten, 188 links oben); Berliner Verlag (S. 93, 94 links und rechts unten); Volk und Wissen Verlag GmbH Berlin (S. 79 links, 92, 94 rechts oben, 112, 113, 114 rechts, 120, 121 links, 144, 154, 156, 161, 162 Mitte und rechts)

ISBN 3-06-500723-1

Umweltschonendes Papier chlorfrei

1. Auflage
5 4 / 96 95
Alle Drucke dieser Auflage sind unverändert und im Unterricht parallel nutzbar. Die letzte Zahl bedeutet das Jahr dieses Druckes.

Printed in Germany
Gesamtherstellung: INTERDRUCK Leipzig GmbH
Typographische Gestaltung: Manfred Behrendt
Art-direction: Frank Schneider, Gerhard Neitzke

INHALT

Abkürzungen

A. – Akkusativ
Adv. – Adverb
D. – Dativ
f. – Femininum
Fut. – Futur
G. – Genitiv
I. – Instrumental
m. – Maskulinum
N. – Nominativ
n. – Neutrum
P. – Präpositiv
Pers. – Person
Pl. – Plural
Präs. – Präsens
Prät. – Präteritum
Sg. – Singular
uv. – unvollendet(es Verb)
v. – vollendet(es Verb)

Г – (Грамматический справочник): Übersichten zur Sprachlehre
С – (Старт): erster Teil des vorliegenden Lehrbuchs

Zeichen von besonderer Bedeutung

– Text oder Übung ist auf eine der beiden Kassetten aufgezeichnet
– Präge dir ein!
Ⓐ – Wortschatz zur Auswahl
Ⓜ – Muster
↗ – siehe

Hinweise zur Aussprache

é – Betonung des Wortes (hier auf e)
⩽̲ _ – Betonung auf der ersten der beiden Silben
‿ – Aussprache der durch ‿ verbundenen Wörter wie ein einziges Wort
[ ] – Klammern zur Kennzeichnung der Aussprache
[a̭] – unbetontes kurzes a
[ə̭] – unbetonter sehr kurzer Laut wie in Wage̲n
[и̭ᵉ] – unbetonter kurzer Laut zwischen i und e
[и̭] – unbetontes sehr kurzes i
[т'] – Häkchen zur Kennzeichnung des (davorstehenden) weichen Konsonanten

ФЕСТИВАЛЬ ИСКУССТВ
«БЕЛЫЕ НОЧИ»
УНИВЕРСАЛЬНЫЙ
МАГАЗИН
МОЛОЧНЫЕ
ПРОДУКТЫ
ДЕТСКОЕ ПИТАНИЕ
КИНО
ПРОДУКТЫ
ШКОЛЬНИК
гастрономия

ГРАМПЛАСТИНКИ
ЮРИДИЧЕСКАЯ КОНСУЛЬТАЦИЯ
2
ЭТАЖ
УНИВЕРМАГ
УНИВЕРМАГ
МОСКОВСКИЙ
ПОЧТА ТЕЛЕ
УЛИЦА
САЯНСКАЯ
ТЕХНИКУМ
БЕЛОРУССКИЙ ВОКЗАЛ
ВЫХОД В ГОРОД
МЕЛОДИЯ
МОСКВА
MOSKVA
МИНСК

СТАРТ

sich vorstellen, nach dem Namen fragen

а	**б**	**в**	г	д	**е**	ё	ж	**з**	и	й	**к**	л	**м**	**н**	**о**	п
р	с	**т**	**у**	ф	х	ц	ч	ш	щ	ъ	ы	ь	э	ю	**я**	

Как тебя зовут?

1

Анто́н: **Как тебя́ зову́т?**
Та́ня: **Меня́** зовут Таня.
А как тебя зовут?
Антон: Меня зовут Антон.

Зо́я: Меня зовут Зоя. А тебя?
Ка́тя: Катя.

2

Einige Wörter mit gleicher Bedeutung haben in verschiedenen Sprachen ähnliche Laut- und Schriftbilder. Man nennt sie Internationalismen.
Hört zu, wie diese Wörter russisch klingen.

Banane	banana	banane	банан
Tonne	ton	tonne	тонна
Bank	bank	banque	банк
Kakao	cocoa	cacao	какао
Vase	vase	vase	ваза
Tabak	tobacco	tabac	табак
Kontakt	contact	contact	контакт

sich vorstellen, nach dem Namen fragen

Lest laut mit. Versucht, diese Wörter und Sätze zu übersetzen. 3

Аа *А а*   Кк *К к*   Мм *М м*   Тт *Т т*   Оо *О о*

какáо, áтом, такт, **мáма**

Вв *В в*   Нн *Н н*   Зз *З з*   Бб *Б б*

Антóн, вáнна, контáкт, вáза, автомáт

банáн, банк, табáк

Ее *Е е*   Уу *У у*   Яя *Я я*

Кáтя, Зóя, зовýт, меня́, тебя́. Как тебя зовут? – Меня зовут Таня.

Achtet auf die Betonung.

Ант**ó**н	мен**я́**	**á**том	в**á**нна
конт**á**кт	зов**ý**т	м**á**ма	в**á**за
теб**я́**	бан**á**н		

Auch im Russischen können im Gespräch verkürzte Sätze verwendet werden. 4

Антон: Меня зовут Антон. А (как) тебя (зовут)?
Зоя: (Меня зовут) Зоя.

Fragt euch gegenseitig nach dem Namen. 5

А: Как тебя зовут?
Б: ... А тебя?
А: ...

А: Меня зовут ... А тебя?
Б: ...

So kann man nach dem Namen fragen:	Как тебя зовут?
So kann man sich vorstellen:	Меня зовут Антон.

Б

sich begrüßen und verabschieden; sich nach Personen erkundigen

а	**б**	**в**	г	**д**	**е**	ё	ж	**з**	**и**	**й**	**к**	**л**	**м**	**н**	**о**	**п**
р	**с**	**т**	**у**	ф	х	ц	ч	ш	щ	ъ	ы	ь	**э**	ю	**я**	

Здравствуй!

1

Антон: И́на, **э́то** Бори́с.
Борис, это Ина.
Борис: **Здра́вствуй,** Ина.
Ина: Здравствуй, Борис.

Таня: Катя, **кто** это?
Это Борис?
Катя: **Да,** это Борис.
Таня: А это Зоя?
Катя: **Нет,** это Ина.

Борис: **До свида́ния**,
Ина.
Ина: До свидания.

2

Lest laut mit. Versucht, diese Wörter zu übersetzen.

Рр *Рр*

ка́рта, ма́рка, кран, ра́дио, **три** – 3

Сс *Сс*

анана́с, бокс, **рестора́н**, ко́смос

Ии *Ии*

И́на **и** Бори́с, витами́н

Дд *Дд*

да, Вади́м, **дискоте́ка**, до свида́ния, **оди́н** – 1, **два** – 2

Йй *Йй*

май, здра́вствуй, **бассе́йн**

Ээ *Ээ*

э́то, экску́рсия, эне́ргия

Achtet auf die Betonung.

к**а́**рта	дискот**е́**ка
м**а́**рка	до свид**а́**ния
здр**а́**вствуй	
э́то	

Unterscheidet.

stimmlos	stimmhaft
[с]	[з]
ко́**с**мос	**З**о́я
до **с**вида́ния	**з**ову́т
здра́в**с**твуй	**з**дра́вствуй
ре**с**тора́н	ва́**з**а

sich begrüßen und verabschieden; sich nach Personen erkundigen

3

Wer ist das?	Ist das Ina?	Das sind Ina und Soja.
Кто это?	Это Ина?	Это Ина и Зоя.

↗ Г 81

4

Lest laut mit. Achtet auf Intonation und Wortbindung.

Кто‿это? – Это‿Борис.
Кто‿это? – Это‿Ина‿и‿Антон.
Кто‿это? – Это‿Катя‿и‿Таня.

Это‿Вадим? – Да. Это‿Вадим.
Это‿Катя? – Да. Это‿Катя.
Это‿Ина? – Нет. Это‿Зоя.

5

Wie lautet die Antwort?

Кто это?

Кто это?

Это Борис?

Это Ина?

Это ресторан?

6

Gestaltet Gespräche.

Macht Personen miteinander bekannt und begrüßt euch:

А: ..., это ...
 ..., это ...
Б: Здравствуй, ...
В: Здравствуй, ...

Fragt nach anderen Personen:

А: ..., кто это?
 Это ...?
Б: Нет, это ...

Verabschiedet euch:

А: До свидания, ...
Б: До свидания, ...

So kann man Personen einander vorstellen:	Зоя, это Ина. Ина, это Зоя.
So kann man sich nach Personen erkundigen:	Кто это? – Это Катя.
So kann man sich begrüßen:	Здравствуй, Антон. – Здравствуй, Борис.
So kann man sich verabschieden:	До свидания, Ина. – До свидания, Борис.

а	**б**	**в**	**г**	**д**	**е**	**ё**	ж	**з**	**и**	**й**	**к**	**л**	**м**	**н**	**о**	**п**
р	**с**	**т**	**у**	**ф**	х	ц	ч	ш	щ	ъ	**ы**	ь	**э**	ю	**я**	

Где ты?

1

Ми́ла: **Алло́!** Кто это?
Макси́м: Здравствуй, Мила. Это Максим.
Мила: Здравствуй, Максим.
Максим: Мила, **где** Антон?
Мила: **Он в магази́не.** А где **ты**?
Максим: **Я** в **па́рке**.

2

Lest laut mit. Versucht, diese Wörter zu übersetzen.

Лл *Лл*

Ми́ла, **класс, ла́мпа, крокоди́л**

Гг *Гг*

где, **тигр**, кенгуру́, гло́бус, **гита́ра**

Пп *Пп*

парк, **попуга́й**, пира́т, пу́динг, **зоопа́рк**, **па́па**

Фф *Фф*

телефо́н, футбо́л, фи́зика, флаг

Ёё *Ёё*

Пётр, ёлка

ы *ы*

ты, **мы**, **вы**

У ёлки иго́лки ко́лки.

Achtet auf die Wortbindung.

Кто‿э́то? Э́то‿Анто́н. Кто‿э́то? Э́то‿Ми́ла. Кто‿э́то? Э́то‿И́на.

Unterscheidet das betonte und das unbetonte o.

[o]	кт**о**, гл**о́**бус, футб**о́**л, телеф**о́**н, Ант**о́**н, **он**, **оно́**
[a̤]	**о**ди́н, Б**о**ри́с, рест**о**ра́н, диск**о**те́ка, **она́**, **о**но́, **они́**

sich nach dem Ort erkundigen

3

Lest und übersetzt.

Это парк.
Максим в парке.

Это **ко́мната**.
Таня в комнате.

Это класс.
Зоя в классе.

Это ресторан.
Папа и мама в ресторане.

Это зоопарк.
Тигр и крокодил в зоопарке.

Это бассейн.
Катя в бассейне.

4

		m.	f.	
N. Sg.		магазин	комната	
P. Sg.	где?	в магазин**е**	в комнат**е**	↗ Г 47; 49

5

Lest laut mit. Achtet auf die Aussprache von в vor stimmhaften und vor stimmlosen Konsonanten.

[в] **в**‿магази́не, **в**‿бассе́йне, **в**‿зоопа́рке, **в**‿рестора́не, **в**‿дискоте́ке
[ф] **в**‿ко́мнате, **в**‿кла́ссе

6

Fragt und antwortet.

Кто в магазине? Кто в комнате?
Кто в парке? Кто в зоопарке?
Кто в классе? Кто в ресторане?
Кто в бассейне? Кто в дискотеке?

7

я	ich	мы	wir
ты	du	вы	ihr, Sie (Höflichkeitsform)
он	er, она sie, оно es	они	sie (Pl.)

В

sich nach dem Ort erkundigen

8 **Кто в дискотеке?**

Антон	Зоя	Катя и Таня
он	она	они

Максим в дискотеке?
Да, он в дискотеке.
Зоя в дискотеке? Да, ...
Катя и Таня в дискотеке? ...

9 **Где они?**

Где Антон? – Он в зоопарке.
Где Ина? – Она в ...
Где ...?

Антон – зоопарк
Ина – дискотека
Зоя – комната
Борис – парк

мама и Мила – магазин
Катя и Таня – бассейн
папа и Максим – ресторан

10 **Fragt die Personen aus Übung 9, wo sie sind.**
Wie würde ihre Antwort lauten?

А: Антон, где ты? Б: Я в зоопарке. А: Ина, где ты? Б: Я в ...

11 **Was fragt Maxim zu den Familienfotos, und was antwortet Soja?**

(М) Максим: Зоя, кто это?
Зоя: Это папа и я.
Максим: Где вы?
Зоя: Мы в ресторане.

So kann man sich nach dem Ort erkundigen:
– Где Антон?
– Он в зоопарке.

sich nach Gegenständen erkundigen

а	**б**	**в**	**г**	**д**	**е**	**ё**	**ж**	**з**	**и**	**й**	**к**	**л**	**м**	**н**	**о**	**п**
р	**с**	**т**	**у**	**ф**	х	ц	**ч**	**ш**	щ	ъ	**ы**	**ь**	**э**	ю	**я**	

Что это?

1

Таня: **Ба́бушка**, **что** это?
Бабушка: Это **пода́рок**.
Таня: Подарок? **Покажи́**, **пожа́луйста**. О́й, это **ко́шка**! **Спаси́бо**. бабушка!
Бабушка: Пожалуйста, Та́нечка!

Жу́тко жуку́ жить на суку́.

2

Повторите и переведите.

Шш *Ш ш*

ба́бушка, **де́душка**, ко́шка

Чч *Ч ч*

Та́нечка (Koseform zu Таня),
четы́ре – 4, что sprich: [што]

Жж *Ж ж*

жира́ф, покажи́, пожа́луйста, **то́же**

ь *ь*

ноль – 0, **пять** – 5, **шесть** – 6, **семь** – 7,
во́семь – 8, **де́вять** – 9, **де́сять** – 10

Achtet auf die Zischlaute.

[ж]	[ш]	[ч]
жира́ф	шесть	четы́ре
покажи́	ба́бушка	
пожа́луйста	де́душка	
то́же	ко́шка	
	что	

Achtet auf die weichen Konsonanten.

ноль, **пять**, **семь**
во́**семь**, **де́вять**, **де́сять**

sich nach Gegenständen erkundigen

3 **Welche Nummern haben die Spieler?**

один
два
три
четыре
пять

шесть
семь
восемь
девять
десять

Но́мер один – это Антон.
Номер два – это О́ля.
Номер три – ...

4 **Hier fehlen einige Zahlen. Welche?**

ноль, ..., два, ..., ..., пять, ..., ..., восемь, ..., десять

5 **Спросите и ответьте.**

Что это? – Это карандаш.

sich nach Gegenständen erkundigen

Что это? или Кто это? 6

окно карандаш
бабушка Ина
сумка стул
линейка фломастер
стол доска книга
Антон дедушка

А: Кто это?
Б: Это **на́ша** бабушка.

А: Что это?
Б: Это резинка.

7

	m.	n.	f.	
N. Sg.	карандаш	окн**о́**	ру́чк**а**	
	он	он**о́**	он**а́**	↗ Г 43

Прочитайте и переведите. 8

Стол **стои́т** в классе.
Стул стоит в комнате.

Книга **лежи́т на** столе.
Сумка лежит на стуле.

Спросите и ответьте. 9

А: Где стол?
Б: Он в комнате.
(стул, карандаш, фломастер)

А: Где карандаш?
Б: Он на столе.
(фломастер)

А: Где линейка?
Б: Она в классе.
(доска, карта, лампа, книга)

А: Где сумка?
Б: Она на стуле.
(карта, книга, ручка)

Он, она или оно? 10

Где бабушка? … в комнате.
Где дедушка? … в парке.
Где мама? … в магазине.
Где папа? … в ресторане.
Где Зоя? … в бассейне.
Где Борис? … в классе.

Где лежит карандаш? … лежит на столе.
Где стоит стол? … в классе.
Где лежит книга? … в сумке.
Где тигр? … в зоопарке.
Где окно? … в классе.
Где лежит сумка? … на стуле.

Г

sich etwas geben, zeigen lassen; Bitte und Dank äußern

11 **Что на рисунке?**

Кто в классе? Кто стоит в классе? Что в классе? Что стоит в классе?
Что лежит на столе? Что лежит на стуле? Что лежит в сумке?

12

		m.	f.	
N. Sg.		карандаш	книга	
A. Sg.	что?	карандаш	книг**у**	↗ Г 47; 49

13 **Fordert euch gegenseitig auf, etwas zu zeigen oder zu geben.**

Покажи **мне** ресторан. (класс, парк, комната, дискотека, зоопарк, магазин)
Дай мне, пожалуйста, ручку. (карандаш, фломастер, линейка, книга, резинка, карта)

14 **Поговорите по-русски.**

А: Покажи мне, пожалуйста, ручку, Кристиан.
Б: **Вот** она.
А: Спасибо.

А: Где лежит книга, Эльке?
Б: На столе.
А: Дай мне, пожалуйста, книгу.

So kann man sich nach Gegenständen erkundigen:	– Что это? – Это книга.
So kann man sich etwas zeigen (geben) lassen:	Покажи (дай) мне книгу.
So kann man Bitte und Dank äußern:	Пожалуйста. Спасибо.

sagen, wie alt man ist

а	**б**	**в**	**г**	**д**	**е**	**ё**	**ж**	**з**	**и**	**й**	**к**	**л**	**м**	**н**	**о**	**п**
р	**с**	**т**	**у**	**ф**	х	**ц**	**ч**	**ш**	щ	ъ	**ы**	**ь**	**э**	ю	**я**	

Сколько тебе лет?

1

Учи́тель: Здра́вствуйте, ребя́та. Я **ваш но́вый** учитель. Меня зовут Пётр Бори́сович. Я **ру́сский**.
Ребята: Здравствуйте, Пётр Борисович
Учитель: **Сади́тесь**, пожалуйста. Как тебя зовут?
Ральф: Меня зовут Ральф.
Учитель: А тебя?
Моника: Меня зовут Моника.
Учитель: **Ско́лько тебе́ лет**, Моника?
Моника: **Мне четы́рнадцать** лет.
Учитель: А тебе, Ральф?
Ральф: Мне то́же четырнадцать.

Послушайте и повторите.

2

Цц *Ц ц*

оди́ннадцать — 11	**четы́рнадцать** — 14	**семна́дцать** — 17
двена́дцать — 12	**пятна́дцать** — 15	**восемна́дцать** — 18
трина́дцать — 13	**шестна́дцать** — 16	**девятна́дцать** — 19

Sprecht die unbetonten Vokale richtig aus:

е und я vor der betonten Silbe wie [и̯ᵉ]; а nach der betonten Silbe wie [ə̯].

_ ✓ _ _	_ _ ✓ _ _	_ _ _ ✓ _
двена́дцать	оди́ннадцать	восемна́дцать
трина́дцать	четы́рнадцать	девятна́дцать
пятна́дцать		
шестна́дцать		
семна́дцать		

Д

die Nationalität angeben

3 **Прочитайте вслух.**

Сколько тебе лет?

Мне 5 лет.

Мне 11 лет.

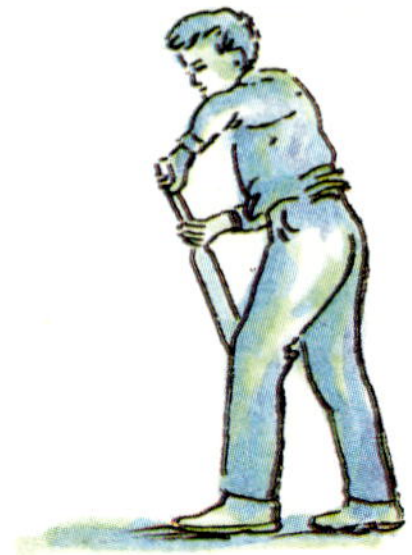

Мне 12 лет.

Мне 14 лет.

Мне 15 лет.

4 **Поговорите по-русски.**

А: Сколько тебе лет?
Б: Мне … лет. А сколько тебе лет?
А: Мне … лет.

А: Сколько тебе лет?
Б: … А тебе?
А: Мне …
(или: Мне тоже …)

5 **Прочитайте вслух.**

Пётр Борисович русский.
И́нна Бори́совна **ру́сская**.

Господи́н Шнайдер **не́мец**.
Госпожа́ Шмидт **не́мка**.

6 **Спросите и ответьте.**

Пётр Борисович русский? – Да, он русский.
Инна Борисовна русская? – Да, она русская.
Господин Шнайдер русский? – Нет, он немец.
Госпожа Шмидт русская?
Моника русская?
Антон русский?
Ральф немец?
Таня русская?
Ты немка? Ты немец?

die Nationalität angeben

Национа́льности Ⓐ

австри́ец	австри́йка	А́встрия
америка́нец	америка́нка	США
англича́нин	англича́нка	А́нглия (Великобрита́ния)
бельги́ец	бельги́йка	Бе́льгия
болга́рин	болга́рка	Болга́рия

венгр	венге́рка	Ве́нгрия
голла́ндец	голла́ндка	Голла́ндия
грек	греча́нка	Гре́ция
датча́нин	датча́нка	Да́ния
испа́нец	испа́нка	Испа́ния

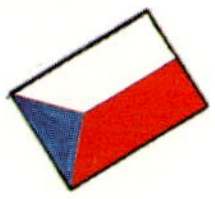

италья́нец	италья́нка	Ита́лия
латы́ш	латы́шка	Ла́твия
лито́вец	лито́вка	Литва́
норве́жец	норве́жка	Норве́гия
поля́к	по́лька	По́льша

португа́лец	португа́лка	Португа́лия
слова́к	слова́чка	Слова́кия
ту́рок	турча́нка	Ту́рция
финн	фи́нка	Финля́ндия
францу́з	францу́женка	Фра́нция

чех	че́шка	Че́шская Респу́блика
швед	шве́дка	Шве́ция
швейца́рец	швейца́рка	Швейца́рия
эсто́нец	эсто́нка	Эсто́ния

Д

Erwachsene oder mehrere Personen begrüßen

7 **Прочитайте вслух.**

– Здравствуйте, господин Шмидт.
– Здравствуй, Ральф.

– Здравствуйте, госпожа Шнайдер.
– Здравствуйте, ребята.

8 **Здравствуй или здравствуйте?**

…, Пётр Борисович.
…, Марк.
…, Антон.
…, Борис.

…, Ина.
…, Зоя.
…, Инна Борисовна.
…, ребята.

…, госпожа Шмидт.
…, господин Шнайдер.
…, Катя и Таня.
…, Вадим.

9 **Поговорите по-русски.**

Как тебя зовут?	Меня зовут Катя.
Ты русская?	Нет, я немка.
Сколько тебе лет?	Мне двенадцать лет.

So kann man nach dem Alter fragen:	– Сколько тебе лет? – Мне двенадцать лет.
So kann man die Nationalität angeben:	Я немец (немка). Он(а) русский (русская).
So kann man Erwachsene oder mehrere Personen begrüßen:	Здравствуйте, господин Фишер. Здравствуйте, ребята.
So kann man russische Erwachsene ansprechen:	Пётр (Vorname) Борисович (Vatername) Инна (Vorname) Борисовна (Vatername)
So könnt ihr eure Lehrer ansprechen:	Господин Шмидт. Госпожа Шмидт.

sagen, aus welchem Land man kommt

а б в г д е ё ж з и й к л м н о п
р с т у ф х ц ч ш щ ъ ы ь э ю я

Ты говоришь по-русски?

1

Борис: Рольф, это Люба. Она **из Росси́и**. Она **хорошо́ говори́т по-ру́сски** и **по-неме́цки**. Люба, это Рольф. Он из **Герма́нии**.
Рольф: Здравствуй, Люба. Я **ещё пло́хо** говорю по-русски.
Люба: Здравствуй, Рольф. Я тоже **не о́чень** хорошо говорю по-немецки.

2

Послушайте и повторите.

Хх *Х х*
хокке́й, хо́бби, хорошо́

Хоро́шие ши́ны у на́шей машины.

Щщ *Щ щ*
щено́к, щётка, ещё

Два щенка́, щеко́й к щеке́ щи́плют щётку в уголке́.

Юю *Ю ю*
Ю́ля, Лю́ба

ъ *ъ*
(твёрдый знак)
объе́зд
– Umleitung

Sprecht die Zischlaute richtig aus.

[ж]	госпо**жа́**, то́**же**, ле**жи́**т
[ш]	ба́бу**ш**ка, де́ду**ш**ка, каранда́**ш**, **ч**то
[ч']	у**чи́**тель, ру́**ч**ка, **че**ты́ре
[щ']	**щ**ено́к, **щ**ётка, е**щ**ё

Achtet auf die Aussprache von и und е nach Zischlauten.

[ы]	ж**и**ра́ф, покаж**и́**, леж**и́**т
[э]	ш**е**сть

Говорите правильно.

Росси́я — Герма́ния
из‿Росси́и — из‿Герма́нии

E

sagen, wie man eine Fremdsprache spricht

3

	говорить			
я	говор**ю́**	мы	говор**и́м**	по-немецки
ты	говор**и́шь**	вы	говор**и́те**	по-русски
он(а)	говор**и́т**	они	говор**я́т**	

4 **Прочитайте вслух.**

Антон русский.
Ина тоже русская.
Они из России.
Они говорят по-русски.

Ральф немец.
Моника тоже немка.
Они из Германии.
Они говорят по-немецки.

Джон и Джейн говорят **по-англи́йски**.

Жак и Симо́н говорят **по-францу́зски**.

5 **Спросите и ответьте.**

Кто говорит { по-немецки? / по-русски? / по-французски? / по-английски?

Кто из России?
Кто из Германии?

sagen, wie man eine Fremdsprache spricht

Er	spricht	nicht		russisch.	
Он		не	говорит	по-русски.	↗ Г 96

6

7

Achtet auf die Aussprache von не und по.

[н'и]

Я **не**‿говорю
Ты **не**‿говоришь
Она **не**‿говорит

[пə]

по‿-английски.
по‿-немецки.
по‿-французски.

8

Поговорите по-русски.

А: Ты говоришь по-русски?
Б: Я ещё плохо говорю по-русски.
Я говорю по-французски.

А: Ты говоришь по-английски?
Б: Да, я **немно́го** говорю по-английски и по-русски.

9

Спросите и ответьте.

Как ты говоришь по-русски (по-немецки, по-английски, по-французски)?

Я	хорошо ещё плохо немного ещё не очень хорошо	говорю	по-русски. по-немецки. по-английски. по-французски.

10

Сколько ему лет?
Сколько ей лет?

Это Ни́на. **Ей** 13 лет.
Это Оле́г. **Ему́** 14 лет.
Это Мила. … 5 лет.
Это Рольф. … 14 лет.
Это И́горь. … 15 лет.
Это Ната́ша. … 12 лет.

E

sagen, wie man eine Fremdsprache spricht

11 **Stellt diese Personen anderen vor.**

	Максим Россия 15 русский	Кристоф Германия 13 немец	Катрин Германия 14 немка	Ира Россия 13 русская
говорит по-русски по-немецки по-английски по-французски	хорошо ещё плохо немного –	плохо хорошо немного немного	немного хорошо немного –	хорошо немного – –

Ⓜ Это Кристоф. Кристоф из Германии. Он немец. Ему 13 лет. Он ещё плохо говорит по-русски. Кристоф немного говорит по-английски и по-французски.

12 **Wie würdest du dich vorstellen?**

Как тебя зовут? Сколько тебе лет? Ты из России? Ты русский (русская)? Ты хорошо говоришь по-немецки? Ты говоришь по-английски или по-французски?

13 **Nun kennt ihr alle russischen Buchstaben. Lernt das Lied zum Alphabet nach der Melodie „Ein Männlein steht im Walde“.**

а бэ вэ гэ дэ е жэ зэ и ка эль,
эм эн о пэ эр эс тэ. Das lernt sich schnell.
Schwerer geht schon у эф ха.
Merkt euch nur цэ че ша ща.
Und zum Schluß ganz einfach ы э ю я.

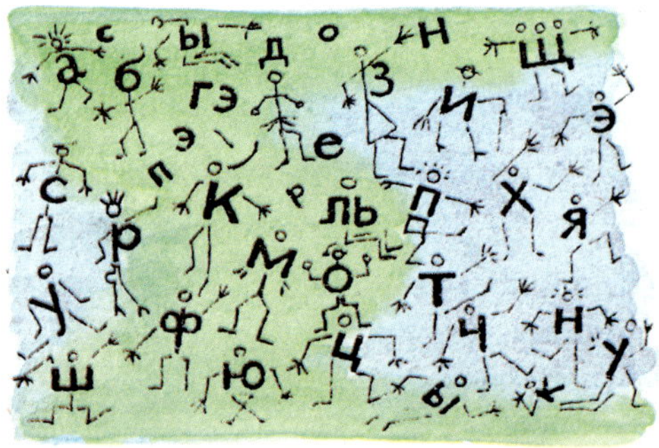

So kann man sagen und fragen, aus welchem Land jemand ist:	Я из Германии. Ты из России?
So kann man sich nach Sprachkenntnissen erkundigen:	– Ты говоришь по-русски? – Да, я говорю по-русски.
So kann man sagen, wie man eine Fremdsprache spricht:	Я хорошо (немного, ещё плохо, не очень хорошо) говорю по-русски.

Текст для чтения

Jetzt kennt ihr schon alle russischen Buchstaben und Laute, könnt etwas russisch sprechen, lesen und schreiben. Außerdem habt ihr Namen von russischen Kindern kennengelernt. Einige russische Kinder und Jugendliche werden euch in diesem Buch öfter begegnen.

Das sind sie:

Максим и Ира – брат и сестра́

Bruder und Schwester

Это Ира. Ей 13 лет. Она русская и живёт в Москве.
У Иры есть подру́га в Германии. Её зовут Катрин. Катрин хорошо говорит по-русски, а Ира уже хорошо говорит по-немецки.
У Иры есть ко́шка. Её зовут Му́рка.

Это Максим. Ему 15 лет.
Он тоже русский и живёт в Москве. Максим немного говорит по-английски. Он хорошо игра́ет в шахматы и в футбол.
У Максима есть попугай. Его зовут Алёша.

wohnt
Ira hat eine Freundin
spielt
Maxim hat

Это Антон и Мила. Они тоже брат и сестра. Антон уже хорошо говорит по-немецки. Ему 15 лет.
А Мила ещё не говорит по-немецки. Ей 5 лет.
Антон любит мастери́ть и хорошо играет в шахматы.
А Мила очень любит говорить по телефону.

А это Катя и Таня. Они близнецы. Кате 12 лет, Тане тоже 12. Они лю́бят книги и музыку и очень лю́бят танцевать.
А вот их друзья́ : Зоя – ей 14 лет, Борис и Вадим – им тоже по 14 лет.

haben gern
ihre Freunde
bastelt gern
sie sind auch

Повторяем

1 **Ordnet die Wörter nach den Betonungsmustern.**

(6 слов)	(7 слов)	(4 слова)	(9 слов)	(7 слов)
_ _́	_́ _	_́ _ _	_ _́ _	_ _ _́
меня	карта	комната	подарок	ресторан

тоже, семнадцать, учитель, ему, тебе, один, четыре, фломастер, мама, господин, ребята, хорошо, линейка, пятнадцать, зоопарк, алло, здравствуйте, русская, марка, карандаш, дедушка, резинка, кошка, папа, покажи, бабушка, шестнадцать, тебя, лампа, крокодил, сумка, госпожа, говорить

2 **Stimmhaft oder stimmlos?**

де**с**ять, **с**емь, во**с**емь, **с**па**с**ибо, го**с**подин, **с**умка, **с**колько, **с**адитесь, меня **з**овут, **з**оопарк, и**з** Москвы, и**з** Берлина, и**з** России, и**з** Германии

3 **[в] или [ф]?**

в классе, **в** сумке, **в** бассейне, **в** книге, **в** дискотеке, **в** комнате

4 **[о] или [а̤]?**

телеф**о**н, кт**о**, рест**о**ран, п**о**жалуйста, в**о**семь, **о**диннадцать, д**о**ска, ск**о**лько, чт**о**, **о**на, **о**ни, **о**н, хор**о**ш**о**, пл**о**хо, немн**о**го, **о**чень

5 **Кто это? или Что это?**

Это Антон. Это мама и папа. Это комната. Это класс. Это дискотека. Это дедушка. Это госпожа Мюллер. Это господин Шнайдер.

6 **Он, она, оно, они?**

Где Нина? … в классе.
Где мама и папа? … дома.
Где окно? … в комнате.
Где сумка? … на стуле.

Где господин Мюллер? … в бассейне.
Где учитель? Вот …
Где Катя и Таня? … в зоопарке.
Где карандаш? … в сумке.

Повторяем

лежит или стоит? 7

Стол ... в классе.
Стул тоже ... в классе.
Книга ... в сумке.
Что ещё ... в сумке?
Карандаш ... в сумке.

Где ... стол?
Где ... стул?
Где ... книга?
Где ... карандаш?
Где ... фломастер?

Дополните. 8

Дай мне, пожалуйста, ... (ручка, карандаш, фломастер, линейка, резинка, карта, марка, книга).
Покажи мне, пожалуйста, ... (бассейн, дискотека, зоопарк, магазин, парк, класс).

Спросите и ответьте. 9

– Где Нина (Зоя, Ира, Антон, Мила, бабушка, дедушка, папа, госпожа Мюллер, учитель)?
– Она в комнате (парк, зоопарк, дискотека, магазин, бассейн, класс).

Дополните. 10

один, два, три, ..., пять, ..., семь, восемь, ..., десять, ..., двенадцать, тринадцать, ..., пятнадцать, ..., семнадцать, ..., девятнадцать

Gestaltet Gespräche. 11

Begrüßt eine(n) Gleichaltrige(n) und stellt euch vor.
Stellt zwei Jugendliche einander vor.
Begrüßt eine erwachsene Person.
Stellt zwei Erwachsene einander vor.
Fragt eine(n) Gleichaltrige(n) nach dem Namen.
Erkundigt euch nach Personen (nach Gegenständen).
Fragt, wo jemand ist, und laßt die Frage beantworten.
Fragt eure Gesprächspartner nach ihrem Alter, gebt euer Alter an.
Sagt, aus welchem Land ihr kommt, und fragt eure Gesprächspartner, woher sie kommen.
Fragt jemanden nach seiner Nationalität.
Sagt, welche Sprache ihr gut (schlecht, gar nicht) beherrscht.
Fragt eure Gesprächspartner nach ihren Sprachkenntnissen.

УРОК 1

sagen, was man gern (nicht gern) tut

Что ты любишь делать?

1

Вадим: Таня, ты **любишь игра́ть** в **те́ннис**?
Таня: Нет. Не очень. Я люблю **чита́ть** и **слу́шать му́зыку**. А что ты любишь **де́лать**?
Вадим: Я люблю играть в теннис и в **футбо́л**.

2

любить

я	любл**ю́**	мы	лю́б**им**
ты	лю́б**ишь**	вы	лю́б**ите**
он(а)	лю́б**ит**	они	лю́б**ят**

3 **Переведите.**

футбол
волейбо́л
баскетбо́л
гандбо́л
те́ннис
хокке́й

4 **Говорите правильно.**

игра́ть [в] **в**‿баскетбо́л, **в**‿волейбо́л, **в**‿гандбол
[ф] **в**‿те́ннис, **в**‿хокке́й, **в**‿футбо́л

люблю́

лю́бишь
лю́бит
лю́бим
лю́бят

лю́бите

футбо́л
гандбо́л

sagen, was man gern (nicht gern) tut

Что любит делать Борис (Вадим, Марк, Зоя)? **5**
Что любят делать Таня и Катя (Максим и Антон)?

Что говорят Борис, Вадим, Марк, Зоя, Таня и Катя, Максим и Антон? **6**

Что ты любишь делать, Вадим?
Я люблю …
Что ты …, Борис?
Я …

Что вы любите делать, Таня и Катя?
Мы любим …
Что вы …, Максим и Антон?
Мы …

Что они любят делать? **7**

Борис любит читать.

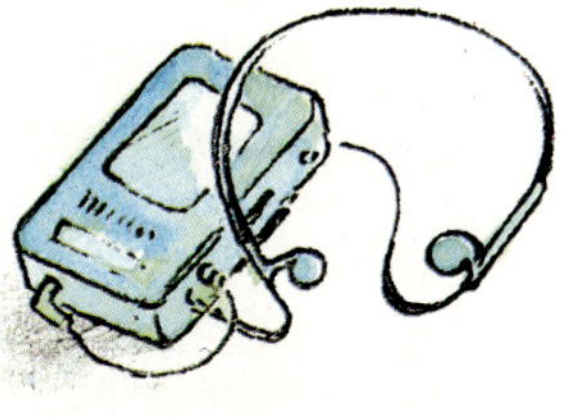

Катя и Таня любят слушать музыку и **танцева́ть**.

Вадим любит **смотре́ть телеви́зор**.

Ира любит **ката́ться на велосипе́де**.

Максим и Антон любят играть **в ша́хматы**.

Мила любит говорить **по телефо́ну**.

sagen, was man gern (nicht gern) tut

8 **Спросите и ответьте.**

Кто любит
- читать?
- кататься на велосипеде?
- играть в шахматы?
- слушать музыку?
- смотреть телевизор?
- танцевать?
- говорить по телефону?

9 **Скажите по-русски, что любят делать ребята в упражнении 7.**

Борис любит читать? – Да, он любит читать.
Ира любит смотреть телевизор? – Нет, она любит кататься на велосипеде.
Вадим любит танцевать?
Катя и Таня любят играть в шахматы?
Вадим любит слушать музыку?
Максим и Антон любят смотреть телевизор?
Мила любит кататься на велосипеде?

sagen, was man gern (nicht gern) tut

So kannst du verkürzt Fragen beantworten. 10

– Ты любишь читать?
– Да, (я) люблю (читать).

– Ты любишь играть в футбол?
– Нет, (я) не люблю (играть в футбол).

– Ты любишь **де́лать уро́ки**?
– (Я) не очень (люблю делать уроки).

Что вы любите делать? Поговорите по-русски. 11

А: ..., ты любишь ...?
Б: Люблю. А что ты любишь делать?
А: Я люблю ...

А: ..., ты любишь играть в футбол?
Б: Нет, не люблю. Я не люблю **спорт**. Я люблю ...

Скороговорка

У щу́чки чешу́йки,
У чу́шки щети́нки.

So kann man nach Lieblingsbeschäftigungen fragen:

– Что ты любишь делать?
– Я люблю слушать музыку.

– Ты любишь играть в футбол?
– Нет, не люблю. Я люблю играть в теннис.

1 Б

über Tätigkeiten in der Gegenwart sprechen

Как дела?

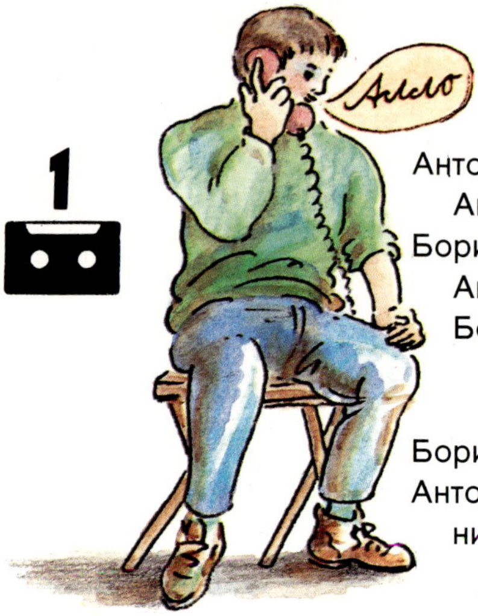

1

Антон: Алло! Это Борис? Здравствуй, Борис, говорит Антон.
Борис: Здравствуй, Антон. **Как дела́?**
Антон: Спасибо, хорошо. Борис, что ты делаешь?
Борис: Я смотрю телевизор. А ты?
Антон: Я делаю уроки. Борис, **скажи́**, пожалуйста, как по-немецки «играть»?
Борис: Играть? Spielen.
Антон: Правильно, spielen! Спасибо, Борис, до свидания!

2

Präsens

e-Konjugation						и-Konjugation					↗ Г 26; 29
Sg.			Pl.			Sg.			Pl.		
я	игра́	**ю**	мы	игра́	**ем**	я	говор	**ю́**	мы	говор	**и́м**
ты	игра́	**ешь**	вы	игра́	**ете**	ты	говор	**и́шь**	вы	говор	**и́те**
он(а)	игра́	**ет**	они	игра́	**ют**	он(а)	говор	**и́т**	они	говор	**я́т**

ebenso: де́лать, чита́ть, слу́шать

смотре́ть (я смотрю́, ты смо́тришь)
лежа́ть (я лежу́; они лежа́т)
стоя́ть (я стою́; они стоя́т)

3

Что они делают? Прочитайте вслух и переведите.

Нина слушает музыку.
Антон и Максим играют в теннис.
Борис смотрит телевизор.
Ина читает.
Аня делает уроки.
Катя играет **на** гитаре.

4

Запомните.

читать	что?	А.	книгу, **газе́ту**	говорить	**о ком?**	Р.	о Борисе, о Нине
любить	что?	А.	спорт, музыку		**о чём?**		о спорте, о музыке
слушать	что?	А.	**ра́дио**, музыку	играть	**во** что?	А.	в футбол
смотреть	что?	А.	телевизор, книгу		на чём?	Р.	на гитаре

über Tätigkeiten in der Gegenwart sprechen

Musikinstrumente (A)

Akkordeon	аккордео́н	Keyboard	ки́борд
Balalaika	балала́йка	Klarinette	кларне́т
Cello	виолонче́ль	Klavier	пиани́но
E-Gitarre	электрогита́ра	Saxophon	саксофо́н
Flöte	фле́йта	Schlagzeug	уда́рные инструме́нты
Geige	скри́пка	Synthesizer	синтеза́тор

5

Setzt statt der Punkte passende Substantive im richtigen Kasus ein.

Зоя любит …
Борис играет на …
Бабушка слушает …
Я читаю …
Мы смотрим …
Катя и Таня говорят о …

газета, книга, **журна́л,**
радио, телевизор, спорт,
гитара

6

Скажите, кто на рисунке. Что они делают?

На рисунке Нина. Она читает книгу.
На рисунке …

1 Б

über Tätigkeiten in der Gegenwart sprechen

7

Was	liest	Ira?	Was	liest du?		
Что	читает Ира?		Что	ты	читаешь?	↗ Г 97

8 **Stellt euch gegenseitig Fragen mit Verben aus Übung 5 und beantwortet sie.**

А: Что ты любишь делать?
Б: Я люблю играть на гитаре.

А: Что любит делать Ира?
Б: Она любит слушать музыку.

9 **Сравните.**

– Катя и Таня, что вы делаете?
– Мы слушаем музыку.

– Пётр Борисович, что вы делаете?
– Я читаю газету.

10 **На рисунке семья́: папа, мама, дедушка, бабушка, Антон, Мила и кошка. Скажите, что они делают.**

sich nach dem Befinden erkundigen

So kann man die Frage nach dem Befinden beantworten. 11

Как дела?

Спасибо, хорошо.

Ничегó. Нормáльно.

Плохо.

Поговорите по телефону. 12

А: Алло? Это ...? Здравствуй, ... Это говорит ...
Б: Здравствуй, ... Как дела?
А: ... Что ты делаешь, ...?
Б: ... А ты?
А: Я ...
Б: ...

Анекдот

Русского писáтеля Антона Пáвловича Чéхова спросúли●: «Как вы пúшете пьéсы●?» Чехов ответил: «Очень прóсто●. Слéва● я пишý, кто говорит, а спрáва●, что он говорит».

● spросúли – man fragte den Schriftsteller
● пьéсы – schreiben Sie Stücke
● прóсто; слéва – einfach; links
● спрáва – rechts

So kann man nach Tätigkeiten in der Gegenwart fragen:	– Что ты делаешь, Борис? – Я читаю.
So kann man sich nach dem Befinden erkundigen:	– Как дела? – Спасибо, хорошо (ничего).

1 В

Текст для чтения

Dieser russische Text ist ein Rätsel. Versucht, es selbständig zu lösen und beim Lesen keine anderen Wörter außer стена́, ря́дом, зна́чит, ду́мать im Wörterverzeichnis nachzuschlagen.

Кто на фотографии?

Ира и Наташа в комнате. На **стене́** фотография.
Наташа: Ира, кто это?
Ира: Это Никола́й, Олег, Миша и Ива́н.
Наташа: Кто из них• играет на гитаре? Олег? — von ihnen
Ира: Нет, это не Олег.
Наташа: А кто из них играет в футбол? Миша?
Ира: Нет, это не Миша.
Наташа: Кто из них играет в теннис? Иван?
Ира: Нет, не Иван.
Наташа: А кто слушает кассе́ту? Николай?
Ира: Нет, не Николай.
Наташа: Скажи, где стоит Миша?
Ира: Миша и Иван стоят ря́дом.
Наташа: Зна́чит, Олег и Николай тоже стоят рядом?
Ира: Нет.

Как вы ду́маете, кто из ребят играет в футбол? Кто играет в теннис? Кто слушает кассету? А кто играет на гитаре?

Повторяем

[в] oder [ф]? 1

в школе, в классе, в бассейне, в парке, в газете, в журнале

Кто или что? 2

Это стена. … это? Это журнал. … это? Это учитель. … это?
Это госпожа Шнайдер. … это? Это телевизор. … это? Это радио. … это?

Он, она, они? 3

Где Антон? … в дискотеке.
Где учитель? … в классе.
Где Зоя? … в бассейне.
Где Катя и Таня? … в зоопарке.

Где книга? … в сумке.
Где журнал? … тоже в сумке.
Где газета? … в комнате.
Где доска? … на стене.

Ordnet passende Aussagen zueinander. 4

Где Нина?
О чём они говорят?
Где лежит книга?
Где стоит учитель?
Ты любишь играть в …?
Марк в зоопарке?
Кто в магазине?
Что делает Зоя?
Ты читаешь?

Нет, он играет в футбол.
Он стоит в классе.
О книге.
На столе.
Она делает уроки.
Нет, я смотрю телевизор.
Она в дискотеке.
Нет, не люблю.
Максим и Борис.

По-русски на уроке 5

Sagt, wozu ihr aufgefordert werdet.

Спросите.
Послушайте.
Прочитайте вслух.
Поговорите по-русски.
Садитесь.
Переведите.

УРОК 2

Besitz/Zugehörigkeit ausdrücken

У Максима дома

1

Нина: Максим, это **твой** попугай?
Максим: **Мой. Его́** зову́т Алёша. Ему **уже́ со́рок** лет!
Нина: **Как мно́го!** А кошка тоже **твоя́**?
Максим: Нет, кошка не **моя́**. Это кошка **сестры́**. **Её** зовут Му́рка.

2

	m.		n.		f.	
я	**мой**	карандаш	**моё**	окно	**моя**	ручка
ты	**твой**	карандаш	**твоё**	окно	**твоя**	ручка

3

Говорите правильно.

[о]	[а̯]	[и̯^{е}]	[и̯]	
м**о**й	м**о**я́	**не**‿мо́й	**не**‿моя́	**е**го́‿зову́т
тв**о**й	тв**о**я́	**не**‿тво́й	**не**‿моё	**е**ё‿зову́т
	м**о**ё		**не**‿твоя́	
	тв**о**ё		**не**‿твоё	

Zugehörigkeit ausdrücken; nach dem Namen Dritter fragen

Спросите и ответьте. 4

А: Это твой (твоя) ...? карандаш, фломастер, ручка, линейка, стул, резинка, сумка, журнал, книга, карта, марка, лампа

Б: Да, мой (моя) ...
Нет, не мой (не моя). Вот мой (моя) ...

Stellt eurem Gesprächspartner Familienangehörige und Freunde vor. Zeigt eure Heimtiere und sagt, wie sie heißen. 5

– Это мой **друг**.
– Как его зовут?
– Его зовут ...

Это мой **брат**. Его зовут ...
Это моя кошка. Её зовут Мурка.

– Это моя **подру́га**.
– Как её зовут?
– Её зовут ...

Heimtiere (A)

Eidechse	я́щерица	(Vogelbauer)	(кле́тка)
Fische	ры́бки	Kaninchen	кро́лик
(Aquarium)	(аква́риум)	Schildkröte	черепа́ха
Hamster	хомя́к	(Terrarium)	(терра́риум)
Hund	соба́ка	Schlange	змея́
Kanarienvogel	канаре́йка	Wellensittich	попуга́йчик

6

	m.	f. ↗ Г 47; 49
N.Sg.	Антон	Мила
G.Sg.	Антон**а**	Мил**ы**

Das	ist	Antons	Schwester.	↗ Г 98
Это			сестра	Антона.

Zugehörigkeit ausdrücken; nach dem Namen Dritter fragen

7 **Sagt, wer mit wem verwandt ist.**

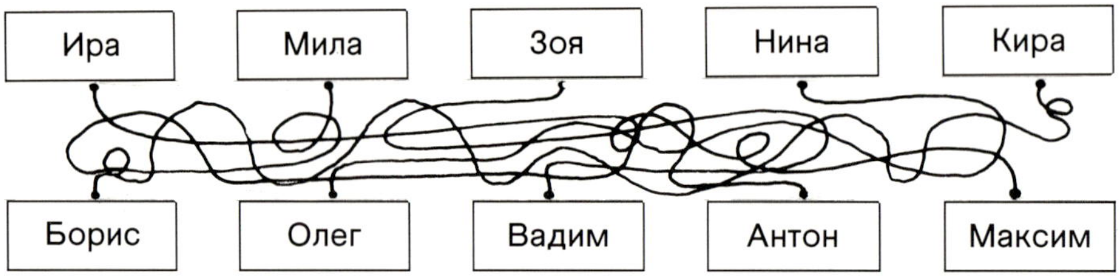

Ⓜ Иван брат Нины. Нина сестра Ивана.

8 **Sagt, wer auf der Illustration ist.**

Дорого́й ● Рольф! — *lieber*
Посыла́ю тебе ● **фотогра́фию**. На фотографии моя сестра Нина, мой брат Петя, мой друг Коля, моя подруга Маша, моя кошка и я. — *ich schicke Dir*

Виктор

Ⓜ На фотографии сестра Ви~~кт~~ора. Её зовут …

nach der Herkunft fragen

Ина: Борис, **откýда э́то письмó**? 9
Борис: Оно из Германии, из Берлина.
Ина: А это?
Борис: Это письмо из России. Оно из Москвы.

Говорите правильно. 10

[ə]	[ə]
из‿Санкт-Петербýрг**а**	из‿Берлин**а**
из‿Новосиби́рск**а**	из‿Франкфурт**а**
из‿Владивостóк**а**	из‿Гамбург**а**
	из‿Мюнхен**а**
	из‿Лейпциг**а**
	из‿Веймар**а**

из‿Москвы́, из‿Одéссы

Sagt, aus welchem Land und aus welchen Städten diese Briefe kommen. 11

Это письмо из Германии. Оно из ...

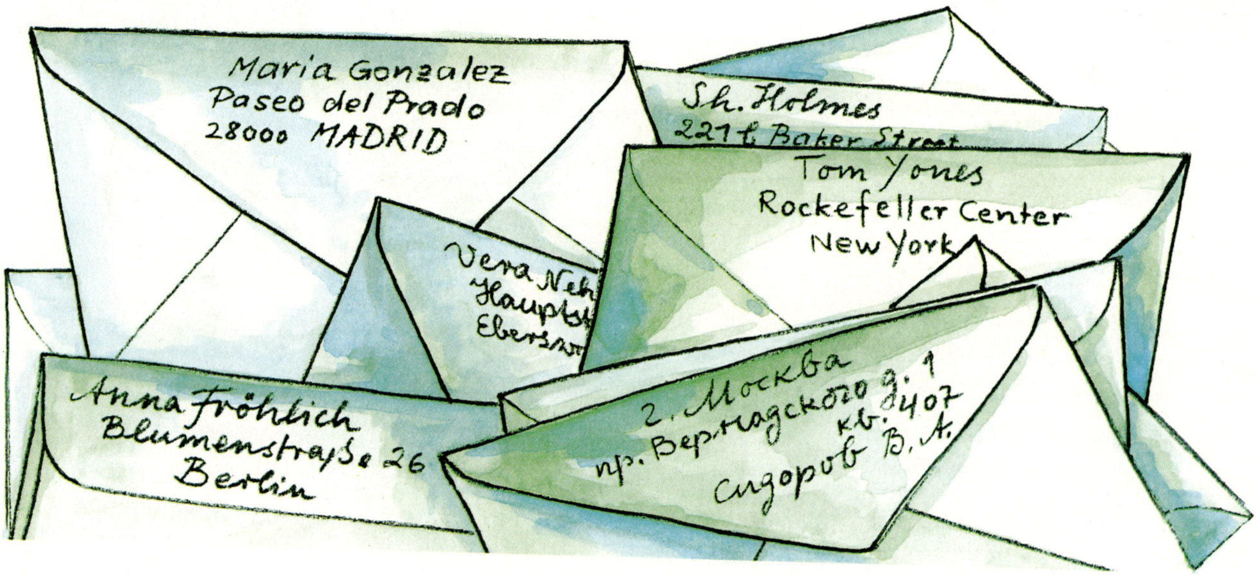

12

Спросите и ответьте.

А: Откуда Нэ́ля?
Б: Нэля из России. Она из Санкт-Петербурга.

А: Откуда Таня?
Б: ...

Таня – Москва

Алекса́ндр – Смоле́нск

Никола́й – Я́лта

Борис – Но́вгород

So kann man nach Besitz/Zugehörigkeit fragen:	– Это твоя книга? – Моя. – Это твой брат? – Мой.
So kann man nach dem Namen dritter Personen fragen:	– Как его зовут? – Его зовут Олег. – Как её зовут? – Её зовут Ина.
So kann man nach der Herkunft einer Person/einer Sache fragen:	– Откуда ты? – Я из Москвы.

Vorhandensein/Zugehörigkeit ausdrücken

У тебя есть брат или сестра?

1

Ира: Катя, **у тебя́** есть брат **и́ли** сестра?
Катя: **У меня́** нет брата. У меня есть сестра.
Её зовут Таня.
Ира: Сколько ей лет?
Катя: Двенадцать.
Ира: А тебе?
Катя: Мне тоже двенадцать. Мы **близнецы́**.
Ира: Как хорошо!
Катя: А у тебя есть сестра?
Ира: Нет, у меня нет сестры.
У меня есть брат.
Его зовут Максим.
Ему уже пятнадцать лет.

2

Wer hat …?			Wer hat	keine(n) …?		
У кого́	**есть** брат?	(N.)	**У кого́**	**нет** брат**а**?	(G.)	
	сестр**а**?			сестр**ы**?		↗ Г 82; 84

кто?	я	ты	мы	вы	Марк	Нина
у кого?	у меня	у тебя	у нас	у вас	у Марка	у Нины

3

Переведите.

1. У Нины есть брат. 2. У меня нет брата, у меня есть сестра. 3. У тебя есть друг? – Да.
4. У кого есть кошка? – У Иры. 5. У Бориса нет собаки.

2Б

Vorhandensein/Zugehörigkeit ausdrücken

4 **Говорите правильно.**

у‿Ми́л**ы**, у‿Ни́н**ы**, у‿Ки́р**ы**, у‿И́р**ы**, у‿ма́м**ы**, у‿па́п**ы**
у‿Та́н**и**, у‿Ка́т**и**, у‿А́н**и**, у‿ба́бушк**и**, у‿де́душк**и**, у‿ко́шк**и**

[и^{е}]	у‿м**е**ня́, у‿т**е**бя́, с**е**стра́
[ə̥]	у‿бра́т**а**, у‿Максим**а**, у‿Анто́н**а**, у‿Вади́м**а**, у‿Бори́с**а**

5 **Unterhaltet euch über Freunde und Angehörige, deren Namen und Alter.**

А: У тебя есть друг?
Б: Нет, у меня нет друга. У меня есть подруга.
А: Как её зовут?
Б: Рамона. А у тебя есть подруга?
А: Есть. Её зовут Юлия.
Б: Сколько ей лет?
А: Четырнадцать.

6 **Посмотрите на рисунок и ответьте.**

У кого есть брат? У кого есть сестра? У кого нет брата? У кого нет сестры?

7 **Gebt Namen und Alter der Personen aus Übung 6 an.**

На рисунке Тамара. Ей ... лет. У Тамары есть брат. Ему ... лет. Его зовут ....

Vorhandensein/Zugehörigkeit ausdrücken

8

m.	f.
один брат	**одна́** сестра
два, три, четыре брат**а**	**две**, три, четыре сестр**ы** ↗ Г 71

Сравните.

У Киры есть брат.
У Киры ~~есть~~ один брат.

9

Ответьте на вопросы.

У кого **из вас** | один брат (одна сестра)?
два, три брата (две, три сестры)?

10

Прочитайте текст «У тебя есть брат или сестра?».

Скажите,
у Кати есть брат или сестра?
Как его (её) зовут?
Сколько ему (ей) лет?

А у Иры есть брат или сестра?
Сколько ему (ей) лет?
Как его (её) зовут?

11

Поговорите по-русски.

А: У тебя есть брат или сестра?
Б: У меня есть брат (сестра).
В: У меня нет брата (сестры).

А: У тебя один брат?
Б: Да, один и одна сестра.

Загадка

Сколько лет дедушке и вну́чке? — Enkelin
– Дедушка, сколько лет твое́й внучке?
– Ей сто́лько ме́сяцев, сколько мне лет. — so viele Monate
– А сколько тебе лет?
– Внучке и мне вме́сте 65 лет. — zusammen
Скажите, сколько лет дедушке и сколько лет внучке?

Vorhandensein/Zugehörigkeit ausdrücken

12 **Спросите и ответьте.**

У тебя есть ...? У вас есть ...? Да, у меня есть ...
Нет, у меня нет ...

13 **Sprecht über eure Freunde und Geschwister.**

У меня есть друг в Германии.
Он немец.
Его зовут ...
Ему ... лет.
Он хорошо говорит по-немецки и немного ...
... любит ...
... хорошо играет ...

У меня есть подруга в ...
Она ...
Её зовут ...
Ей ... лет.
Она ... говорит ... и ...

Она любит ...
...

So kann man nach Besitz/Zugehörigkeit fragen:

– У тебя есть фотоаппарат?
– Есть.

– У тебя есть друг или подруга?
– У меня есть подруга. У меня нет друга.

Текст для чтения

Diesen Brief hat ein russisches Mädchen an die Redaktion des Schülermagazins «По свету» (Durch die Welt) in Berlin geschickt. Versucht, den Text ohne zusätzliche Hilfen zu lesen.

Письмо в Берлин

Москва, 2 марта 19.. г.

Здравствуй, журнал «По свету»!

Меня зовут Светла́на Жу́кова. Я живу в России.
Мой брат Кирилл говорит, что в Германии есть ребята, кото́рые хотят писа́ть нам письма.
Дорогая редакция! Передай, пожалуйста, это письмо девочке из Берлина.
Большое спасибо.

есть – daß es … gibt
которые хотят писать – die uns … schreiben wollen

Светлана Жукова

Текст для чтения

Дорогая немецкая подруга!

Меня зовут Светлана Жукова. Я русская, живу в Москве. Мне 13 лет. Я в 7-м классе. Мой папа инженер, моя мама учительница. У меня есть брат. Его зовут Кирилл. Ему уже 16 лет. Он в 10-м классе и очень любит технику. Кирилл любит сидеть у компьютера. Он сам делает программы.

selbst

У нас есть собака-пудель. Его зовут Рекс.

К сожале́нию, я ещё не говорю по-немецки, но я уже немного говорю по-английски. Я люблю читать, слушать музыку или смотреть телевизор. Очень люблю спорт и много играю в теннис.

leider

Напиши мне о себе. Как тебя зовут? Сколько тебе лет? У тебя есть брат или сестра? Что делают твой папа и твоя мама? Что ты любишь делать?

Schreibe mir über Dich.

Жду твоего́ письма́.

Ich erwarte Deinen Brief.

Светлана Жукова

Ответьте на вопросы к тексту.

Откуда Светлана?
Она русская?
Папа Светланы учитель?
У Светланы есть сестра?
Как зовут брата Светланы?
Сколько ему лет?
Светлана говорит по-немецки?
Светлана говорит по-английски?
Она любит спорт?

Повторяем

Спросите. 1

1. …? Меня зовут Мари́на.
2. …? Мне тринадцать лет.
3. …? Да, из России.
4. …? Нет, у меня нет сестры. У меня есть брат.
5. …? Его зовут И́горь.
6. …? Ему пять лет.

Мой, моя, твой, твоя? 2

1. – Это … брат? – Да, …
2. – Это … сестра? – Нет, не …, это сестра Бориса.
3. – … книга в сумке? – Да, … книга в сумке.
4. – … карандаш тоже в сумке? – Нет, вот он.
5. – Нина, где … кассетник? – Он в комнате.

Что они любят делать? 3

1. Зоя любит …
2. Катя и Таня любят …
3. Антон
4. Вадим
5. Максим и Борис
6. Ина
7. Аня
8. Олег

Что они делают? 4

Антон … в футбол.
Борис и Максим … в шахматы.
Катя и Таня … музыку.
Вадим … телевизор.
Зоя … уроки.
Мила … по телефону.
Ина … на гитаре.
Олег … журнал.

По-русски на уроке

Переведите на немецкий язык. 5

Какая это буква? Какая это страница? Это страница 25. Как по-русски …? Скажите по-немецки. Сравните. Прочитайте вслух. Поговорите по-русски.

УРОК 3

Zahlen angeben

1 Какой номер?

Антон: Ира, у вас есть телефон?
Ира: Есть.
Антон: **Како́й** у тебя номер телефона?
Ира: 124-48-53. А у тебя?
Антон: У нас нет телефона.

Нина: Какой у тебя номер **до́ма**?
Максим: Восемьдесят два. А у тебя?
Нина: У меня двадцать пять.

2 Сравните и запомните.

1	оди́н (одна́)	11	оди́н	...на́дцать			
2	два (две)	12	две		20	**два́**	...дцать
3	три	13	три		30	**три́**	...дцать
4	четы́ре	14	четы́р		40	сорок	
5	пять	15	пят~~ь~~		50	**пять**	...деся́т
6	шесть	16	шест~~ь~~		60	**шесть**	...деся́т
7	семь	17	сем~~ь~~		70	**се́мь**	...десят
8	во́семь	18	восем~~ь~~		80	**во́семь**	...десят
9	де́вять	19	девят~~ь~~		90	**девяно́сто**	
10	де́сять				100	**сто**	

Zahlen angeben

Achtet auf die Aussprache der unbetonten Vokale. 3

два́дцать	пятьдеся́т	се́мьдесят	девяно́сто
три́дцать	шестьдеся́т	во́семьдесят	
со́рок			

Послушайте и запишите. 4

13 или 30?	14 или 40?	15 или 50?	16 или 60?
23 или 20?	17 или 70?	18 или 80?	19 или 90?

5

zweiund	zwanzig		hundertzweiundzwanzig			
	двадцать	два	сто	двадцать	два	↗ Г 70

Прочитайте вслух и запишите цифрами. 6

тридцать шесть, двадцать восемь, сорок пять, шестьдесят четыре, девяносто девять, семьдесят восемь, пятьдесят три, восемьдесят два

Прочитайте вслух. Ответьте на вопросы. 7

Какой у вас номер дома? У вас есть машина? Какой у вас номер машины?

8

Спросите и ответьте.

А: Какой номер телефона у Нины?
Б: 55-95-47.

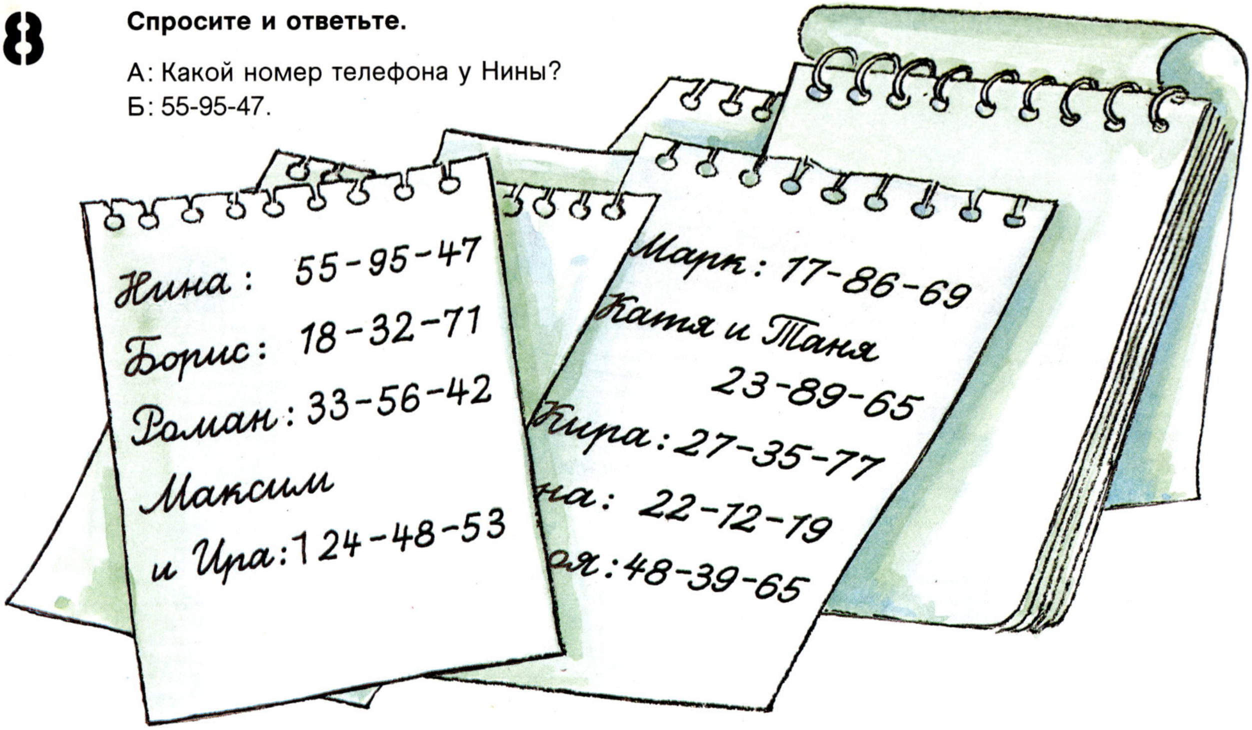

9

Сколько лет?

5–…	лет	1 **год**	2, 3, 4	го́**да**
20, 30, 45	лет	21 год	22, 23, 24	го́**да**

Verwandte Ⓐ

Cousin	двоюродный брат (кузе́н)
Cousine	двоюродная сестра́ (кузи́на)
Enkel	внук
Enkelin	вну́чка
Mutter	мать
Neffe	племя́нник
Nichte	племя́нница
Sohn	сын
Tochter	дочь (до́чка)
Vater	оте́ц

Zahlen angeben

Это семья Саши. Прочитайте, сколько им лет.

10

Ⓜ На картинке мама Саши. Ей 38 лет.

сестра – 2	папа – 41
брат – 8	**праба́бушка** – 78
тётя – 45	**праде́душка** – 80
мама – 38	подруга Саши – 13
дя́дя – 55	Саша – 14

So kann man sich erkundigen nach der Telefonnummer,	– Какой у тебя номер телефона? – 28-15-45.
der Hausnummer,	– Какой у тебя номер дома? – 33.
der Autonummer.	– Какой у вас номер машины? – Б 1503 ММ.

Кому ты пишешь?

1

Ри́та: Ира, что ты **пи́шешь**?
Ира: Письмо в Берлин.
Рита: В Берлин, в Германию?
Ира: Да.
Рита: **Кому́?**
Ира: У меня есть подруга в Берлине. Её зовут Катрин.
Рита: Как **интере́сно**! А сколько лет Катрин?
Ира: Четырнадцать. Она **у́чит** в **шко́ле ру́сский язы́к**. Я пишу Катрин по-русски, а она пишет мне по-немецки.
Рита: А! **Вот почему́** ты уже хорошо говоришь по-немецки!

2

Сравните.

говорить, писать	учить
по-русски	русский язык
по-немецки	**неме́цкий** язык
по-английски	**англи́йский** язык
по-французски	**францу́зский** язык
по-испа́нски	**испа́нский** язык
по-латы́ни	**лати́нский** язык

3

Говорите правильно.

[ə̯] по‿неме́цки, по‿испа́нски, по‿латы́ни, по‿францу́зски, по‿англи́йски
[с] по‿францу́**зс**ки, францу́**зс**кий‿язы́к

sagen, welche Fremdsprachen man lernt

что? (А.) русский язык 4

	учи́ть -и-		
я	уч**у́**	мы	у́ч**им**
ты	у́ч**ишь**	вы	у́ч**ите**
он(а)	у́ч**ит**	они	у́ч**ат**

Какой язык учат Миша, Кристиан, Элькe и Юлия? 5

Скажите, какой язык вы учите в школе. Вы уже немного говорите по-русски (по-английски, по-французски)? 6

что? (А.) письмо 7
кому? (D.) другу, подруге

	писа́ть -е-		
я	пиш**у́**	мы	пи́ш**ем**
ты	пи́ш**ешь**	вы	пи́ш**ете**
он(а)	пи́ш**ет**	они	пи́ш**ут**

3Б

Personen nennen, auf die eine Handlung gerichtet ist

8

		m.	f.
N.Sg.		Антон	Мила
D.Sg.	кому?	Антону	Миле ↗Г 47; 49

9 **Спросите и скажите, сколько ему (ей) лет.**

Ира – 13
Кирилл – 16
Марина – 21
мама – 30
бабушка – 62
дедушка – 64

10 **Кто кому пишет письмо?**

Максим
Оля
Аня
Антон
Катя и Таня

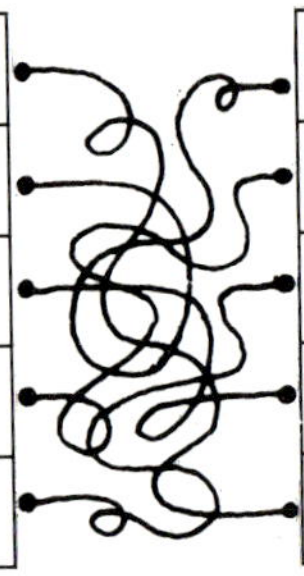

Ина
Борис
Роман
Кири́лл
Наташа

Ⓜ
А: Кому ты пишешь письмо, Максим?
Б: Я пишу письмо Ине.

11 **Ordnet den Zeichnungen die passenden Unterschriften zu.**

Мама, это Жаннетт.
Она из Пари́жа.

Ему уже 100 лет.

Они близнецы.

Как много!
Как интересно!
Вот почему ты учишь французский язык!

So kann man fragen, welche Fremdsprache jemand lernt:
– Какой язык ты учишь в школе?
– Русский. (Я учу русский язык.)

So kann man fragen, wem jemand einen Brief schreibt:
– Кому ты пишешь письмо?
– Брату. (Я пишу письмо брату.)

Повторяем

Прочитайте правильно и переведите. 1

[к] или [г]?
к бабушке, **к** девочке, **к** мальчику, **к** брату, **к** сестре, **к** Зое, **к** другу, **к** подруге
[с] или [з]?
с братом, **с** сестрой, **с** девочкой, **с** фотоаппаратом, **с** компьютером, **с** газетой

Как правильно: к, на, в, у, из, с, после? 2

... школы Таня идёт на стадион ... подругой. ... стадионе Таня играет ... теннис ... девочкой ... Москвы. А где сейчас Антон? Он ... бассейне. ... Антона есть сестра – Мила. Она тоже ... бассейне. ... обеда Антон и Мила идут ... бабушке. Вместе ... бабушкой они смотрят телевизор.

Setzt Substantive mit passender Präposition ein. 3

1. Борис и Ина любят танцевать. Они сейчас ...	концерт
2. Вадим и Максим любят играть в футбол. Они идут ...	стадион
3. Антон идёт ... с Милой.	ресторан
4. Мама и папа ужинают ...	бассейн
5. Куда ты идёшь? – ... Сегодня играет моя любимая группа.	дискотека

Wiederholt die I. und II. Deklination der Substantive. Beantwortet die Fragen. ↗ Г 47; 49 4

N. Кто дома? (Антон, Мила)
G. У кого есть сестра? У кого есть брат? (Антон, Мила)
Откуда Ральф? Откуда Светлана? (Берлин, Москва)
D. Кому Ина пишет письмо? (друг, подруга)
К кому идёт Борис? (брат, сестра)
A. Что читает Наташа? (журнал, книга)
Куда идёт Нина? (магазин, школа)
Кого знает Нина? (мальчик, девочка)
I. С кем дружит Максим? (Вадим, Нина)
P. О ком говорят Катя и Таня? (учитель, учительница)
Где ручка и карандаш? (стол, сумка)

По-русски на уроке

Переведите. 5

1. Расскажите о себе. Начните так ... 2. Посмотрите на рисунок и спросите, что на рисунке. 3. Сравните, обратите внимание на слово «или». 4. Поговорите в парах. 5. Запишите и запомните слово «правильно». 6. Прочитайте вслух упражнение.

УРОК 5

Anschrift angeben

Мой адрес

1

Штефани: Борис, где ты **живёшь**? В **го́роде** или в **дере́вне**?
Борис: В городе. Я живу в Москве.
Штефани: Дай мне, пожалуйста, твой **а́дрес**.
Борис: Пожалуйста. **Почто́вый и́ндекс** 127 330 ...
Штефани: Почтовый индекс – это Postleitzahl?
Борис: Правильно. Пиши: город Москва, **у́лица** Пу́шкина, дом номер 34, **кварти́ра** 58, Петро́ву Борису.
Штефани: Петрову Борису?
Борис: Правильно. Моя **фами́лия** Петров, моё **и́мя** Борис. Но в адресе **на́до** писать Петрову Борису.
Штефани: А! **Понима́ю,** кому: Петрову Борису.
Борис: Да. А ты тоже в городе живёшь?
Штефани: Нет, я живу в деревне. Моя деревня **называ́ется** Мерцендорф. Мой адрес: 1638 Мерцендорф, Дорфштрасе номер 22.

2

Так надо по-русски писать имя и фамилию в адресе.

Письмо мальчику			
Фамилия:	Иванов	Имя:	Вадим
Надо писать:	Иванову		Вадиму

Письмо девочке			
Фамилия:	Иванова	Имя:	Светлана
	Ивановой		Светлане

sich nach dem Namen einer Stadt, einer Straße erkundigen

Lest die Anschrift und sagt, was die Abkürzungen bedeuten. 3

Wie heißt der Empfänger des Briefes? Schreibt die Adresse von Boris aus Übung 1 auf.

Скажите, как фамилия и имя ребят. 4

Кому? Си́доровой Ната́ше, Ко́тикову Анто́ну, Петро́вой Ни́не, Карава́евой И́ре, Кольцо́вой Ка́те, Кузьмину́ Фёдору, Па́влову Ива́ну, Кузнецо́вой Та́не, Ко́лосову Вади́му

Ⓜ фамилия: Сидорова, имя: Наташа
фамилия: … имя: …

Сравните. 5

зовут – называется

Девочку (А.) зовут Галя.
Её фамилия Иванова.

Улица (N.)
называется Фридрих-
штрасе.

Зовут или называется? 6

1. Это моя мама. Её … Анна Ивановна.
2. Учительницу … Инна Борисовна, а учителя … Пётр Борисович.
3. – Как … твоя улица? – Она … улица Пушкина.
4. Деревня … Ро́щино.
5. Как тебя …?

sich nach dem Namen einer Stadt, einer Straße erkundigen

7

	жить -е-		
я	**живу́**	мы	**живём**
ты	**живёшь**	вы	**живёте**
он(а)	**живёт**	они	**живу́т**

где? в, на (mit P.)
в городе, в деревне, на улице

8 **Прочитайте ещё раз разговор Штефани и Бориса (упр. 1).**

Скажите, где живёт Борис, в городе или в деревне?
Как называется город, где живёт Борис?
Как фамилия Бориса?
Какой у Бориса адрес?
Как называется деревня, где живёт Штефани?
Какой адрес у Штефани?

9 **Поговорите о себе.**

Как тебя зовут (твоё имя)?
Как твоя фамилия?
Где ты живёшь, в городе или в деревне?
Как называется твой город (твоя деревня)?
Как называется твоя улица?
Какой у тебя номер дома?
Какой у вас почтовый индекс?

10 **Unterhaltet euch russisch. Erkundigt euch nach Vor- und Zunamen, nach dem Wohnort. Tauscht eure Adressen aus.**

So kann man sich nach dem Namen einer Stadt, einer Straße, einer Einrichtung erkundigen:

– Как называется твоя улица?
– Она называется Дорфштрасе.

So kann man sich nach der Anschrift erkundigen:

– Какой у тебя адрес?
– Мой адрес:
1080 Берлин
ул. Линденштрасе 53

Eigenschaften bezeichnen

Где ты живёшь?

Я живу в городе. Он называется Смоленск. Это **ста́рый** и **большо́й** город. У нас в городе есть **теа́тр, кинотеа́тры, музе́и, библиоте́ки, гости́ницы,** рестораны. Моё любимое **ме́сто** – парк у **реки́** Днепра́. На фотографии река Днепр. Наш дом в **це́нтре** города. Это новый большой дом. Здесь я живу с мамой, с папой и с братом. Я очень люблю Смоленск. Валенти́на Ро́гова

Я живу в деревне. Она называется Родники́. Это очень **ма́ленькая** деревня. У нас **то́лько** одна улица. Но места́ **здесь** очень **краси́вые**. На фотографии наш дом. Он уже не новый, но я люблю его. Здесь я живу с мамой, папой, бабушкой и сестрой. Григо́рий Поляко́в

1

2

	m.	n.	f. ↗ Г 51; 52
N. Sg.	рестора́н	ме́сто	гости́ница
N. Pl.	рестора́н**ы**	мест**а́**	гости́ниц**ы**

но: го́род – город**а́**,
дом – дом**а́**,
а́дрес – адрес**а́**

3

Переведите на немецкий язык.

После школы ребята делают маке́т● города. На столе фломастеры, карандаши, карта, линейки, резинки, ручки, газеты и журнал. На макете улицы, парк, рестораны, магазины, стадион, гостиницы, бассейн, библиотеки, музеи.

● Modell

4

	m.		n.		f.		Pl. ↗ Г 56	
N.	как**о́й**? больш**о́й** но́в**ый**	 дом дом	как**о́е**? краси́в**ое**	 место	как**а́я**? ма́леньк**ая**	 деревня	как**и́е**? но́в**ые**	 школы

5

Говорите правильно.

но́в**ая**	но́в**ое**	но́в**ые**
краси́в**ая**	краси́в**ое**	краси́в**ые**
ста́р**ая**	ста́р**ое**	ста́р**ые**
ма́леньк**ая**	ма́леньк**ое**	ма́леньк**ие**

6

Ответьте на вопросы.

Какие это окна?
Это ... окна и ... окна.

Какие это телефоны?
Это ... телефон и ... телефон.

Какие это книги?
Это ... книги.

7

Diese Adjektive sind von Substantiven abgeleitet. Gebt die Wortgruppen durch deutsche zusammengesetzte Substantive wieder.

цветочный магазин (цветы)
книжный магазин (книги)

городской парк
деревенская улица

музыкальная школа
центральный стадион
местное время

8

Расскажи о себе.

Где ты живёшь, в городе или в деревне?
Это большой или маленький город? Это большая или маленькая деревня? У вас в городе (в деревне) есть река? Как она называется? Это большая или маленькая река?
Как называется улица, где ты живёшь? Какая это улица, большая или маленькая? Какой у тебя номер дома? Это новый или старый дом?
Какая у вас квартира, большая или маленькая?
У тебя есть комната? Какая она?

So kann man nach Eigenschaften fragen:
– Какой это город?
– Это большой город.

sich nach dem Weg erkundigen

В городе

Мужчи́на: Скажи, пожалуйста, где **нахо́дится апте́ка**?
Мальчик: На улице Пушкина. Это **недалеко́ отсю́да**.
Мужчина: Спасибо. Я знаю, где улица Пушкина.

1

Же́нщина: Скажи, пожалуйста, **как дойти́ до по́чты**?
Девочка: Идите **пря́мо** до улицы Журавлёва, **пото́м сверни́те нале́во**. Почта находится на улице Журавлёва **напро́тив остано́вки авто́буса**.
Женщина: Спасибо.
Девочка: Пожалуйста.

Прохо́жий: Покажите мне, пожалуйста, **доро́гу** до гостиницы «Турист».
Ю́ноша: Гостиница «Турист» недалеко отсюда, **ря́дом с** кинотеатром на улице **Ми́ра**. Отсюда прямо до улицы Мира, а потом **напра́во**.
Прохожий: **Извини́те**, я плохо понимаю по-русски. **Повтори́те**, пожалуйста, ещё **раз**.

Девушка: Извините, вы не знаете, где здесь библиотека?
Прохожий: Библиотека? **К сожале́нию**, не знаю.

Говорите правильно.

2

[a]	д**о**‿у́лицы, до‿г**о**сти́ницы, до‿библи**о**те́ки, д**о**‿у́лицы Ми́ра
[ə]	напра́в**о**, нале́в**о**, пря́м**о**, пло́х**о**
[a]	**о**тсю́да, **о**тку́да, пр**о**хо́жий, п**о**жа́луйста

Lest die Erläuterungen für einige Verkehrszeichen. Ergänzt die fehlenden Wörter.

3

Движе́ние прямо

Движение ...

Движение ...

Движение прямо или ...

Движение ...

Перехо́д

Место остановки **трамва́я**

Место ... ... или **тролле́йбуса**

Место **стоя́нки**

Место стоянки **такси́**

5B

sich nach dem Weg erkundigen, Aufforderungen aussprechen

4 **Сравните и переведите.**

Imperativ

Singular	Plural, Höflichkeitsform
иди	идите
сверни	сверните
повтори	повторите
извини	извините
скажи	скажите
покажи	покажите
спроси́	спросите
дай	дайте
отве́ть	ответьте

↗ Г 36

5 **Слушайте и повторяйте. Обращайте внимание на интонацию.**

– Извините, где здесь аптека?
– Аптека? К сожалению, не знаю.

– Скажите, пожалуйста, как дойти до почты?
– До почты? Извините, но я не знаю, где почта.

– Покажите мне, пожалуйста, дорогу до гостиницы «Мир».
– До гостиницы «Мир»? Идите прямо, а потом налево.

– Скажите, пожалуйста, где здесь остановка автобуса?
– Остановка автобуса? Идите прямо, а потом сверните налево.

6 **Fordert jemanden auf,**

– etwas zu wiederholen,
– zu sagen, wo sich die Post befindet,
– zu zeigen, wo die U-Bahn-Station ist,
– zu fragen, wie man zum Hotel kommt,
– nach links (rechts) abzubiegen.

7 **Сравните.**

гостиница «Турист»	до гостиниц**ы** «Турист»
кинотеатр «Аврора»	до кинотеатр**а** «Аврора»
остановка автобуса	до остановк**и** автобуса
рядом с гостиницей	рядом с**о** стадионом

sich nach dem Weg erkundigen

Sehenswürdigkeiten Ⓐ

Brücke	мост
Dom	собо́р
Festung	кре́пость, -и
Kirche	це́рковь, -кви
Palast	дворе́ц, -рца́
Rathaus	ра́туша
Schloß	за́мок, -мка
Springbrunnen	фонта́н
Stadtmauer	городска́я стена́, городско́й стены́
Tor	воро́та *Pl.*, воро́т
Universität	университе́т

5В

sich nach dem Weg erkundigen

sich nach dem Weg erkundigen

Дополните. 8

Как дойти до …?

Он(а) находится
- недалеко **от** } mit G.
- напротив } mit G.
- **у** } mit G.
- рядом с(о) mit I.

магазин «Цветы», магазин «Книги», ресторан, гостиница «Турист», театр, кинотеатр «Аврора», бассейн, стадион, остановка автобуса, стоянка такси, станция метро, **таксофóн**

Поговорите в парах. Используйте карту. 9

?

Извини(те), …
Скажи(те), пожалуйста, …

Где находится …?
Где здесь …?
Как дойти до …?

●

К сожалению, не знаю, …
Извини(те), я плохо понимаю …

Иди(те) прямо (до …)
Сверни(те) налево
направо (на улицу …)
недалеко от … (отсюда)
рядом с …
напротив …

Gestaltet paarweise Suchspiele mit der Karte. 10

А: Где я?
Б: Ты в ресторане?
А: Нет.
Б: Ты на улице?
А: Да.
Б: Это большая улица?
А: Да.
Б: Ты на улице Пушкина?
А: Нет.
Б: Ты на улице Космонавтов?
А: Да.
Б: Ты далеко от остановки автобуса?
А: Нет.
Б: Ты напротив остановки автобуса?
А: Да.
Б: Ты у почты?
А: Правильно. Я у почты.

So kann man sich nach dem Weg erkundigen:	– Скажи(те), пожалуйста, как дойти до аптеки? – Иди(те) прямо до улицы Пушкина, сверни(те) направо. Аптека напротив магазина «Книги».
So kann man etwas bedauern:	К сожалению, я не знаю, где почта.
So kann man sich entschuldigen:	Извини(те), я плохо понимаю по-русски.

5 Г

Текст для чтения

Выучите эти слова.

столи́ца	Hauptstadt	
пло́щадь	Platz	
находится на площади		
кра́сный	rot, Roter Platz	
Красная площадь		
дре́вний	alt, altertümlich	
па́мятник	Denkmal	
Россия, (где?) в России	Rußland	
зда́ние, (где?) в здании	Gebäude	

Переведите.

одна из са́мых высоких телеба́шен
einer der höchsten Fernsehtürme
один из са́мых больших городов
один из са́мых древних памятников
са́мое красивое метро

По Москве

Москва – один из самых больших городов мира. В Москве о́коло 9 миллио́нов жи́телей. Террито́рия Москвы – 87 000 гекта́ров.

1

① Это Красная площадь – гла́вная площадь столицы. Здесь находится один из самых древних памятников русской исто́рии – моско́вский Кремль. Территория Кремля́ – 28 гектаров. Длина́ стен Кремля – 2 335 метров, толщина́● – 3,5–6,5 метров. На территории Кремля находится много памятников архитектуры XV–XIX веко́в●: дворцы́, це́ркви, собо́ры.

Stärke
Jahrhunderte

Текст для чтения

② Храм Васи́лия Блаже́нного● тоже находится на Красной площади. Он постро́ен● в 1561 году как памятник побе́ды России над тата́рами. — Basilius-Kathedrale; wurde erbaut

③ Это Москва-река. На фотографии вид на Кремль.

④ Это Театра́льная площадь. Она находится недалеко от Кремля. На площади три театра (всего́ в Москве около 30 театров). Большое здание с коло́ннами – это знамени́тый Большой театр о́перы и бале́та. Рядом ещё два театра – Ма́лый● театр (театр дра́мы и коме́дии) и Центра́льный детский театр. — ср. маленький

Правильно или неправильно?

Кремль находится в центре Москвы на Красной площади. В Москве около 4 миллионов жителей. Территория Кремля 20 га. Храм Василия Блаженного построен как памятник победы России над татарами.

Переведите текст к фотографии «Театральная площадь».

2

3

4

5Г

Текст для чтения

⑤ Московская телебашня в райо́не Оста́нкино – одна из самых высоких в мире. Высота́ телебашни 533 метра. Телебашня постро́ена в 1967 году.

райо́не – Stadtbezirk

⑥ В Москве 9 вокза́лов. На фотографиях Комсомо́льская площадь. Здесь находятся 3 вокзала. Это тоже памятники русской архитектуры.

⑦ Московское метро́ – городско́й тра́нспорт номер 1. Регуля́рное движе́ние на первой ли́нии метро было откры́то в 1935 г. Система московского метро состоит из 9 радиальных линий и кольца (кольцевая линия). Оно соединяет радиальные линии. На метро каждый день ездит больше 30% пассажиров Москвы. Сейчас под Москвой больше 200 станций метро, и каждый год строятся новые. У каждой станции своё архитектурное лицо. Говорят, что московское метро – самое красивое в мире.

откры́то – eröffnet
радиальных – strahlenförmig
под – in und um
своё … лицо – eigenes … Gesicht
Говорят – man sagt

Переведите текст о московском метро.

5

6

7

Повторяем

[о] или [ə̯]? 1

тольк**о**, х**о**рошо, письм**о**, п**о**сле, скольк**о**, с пап**о**й, с брат**о**м, вечер**о**м, ф**о**тография

Кто? где? к кому? когда? с кем? у кого? о чём? сколько времени?

1. … есть фотоаппарат? У Зои.
2. … делает уроки? Нина и Ира.
3. … ты дружишь? С Антоном.
4. … работает твоя мама? В школе.
5. … ты учишь уроки? Два часа.
6. … ты смотришь телевизор? Вечером.
7. … идёт Ира после школы? К бабушке.
8. … говорят Ира и Максим? О столице.

Verbindet passende Satzhälften miteinander. 2

1. Прохожий говорит, что
2. Мужчина думает, что
3. Ребята знают, что
4. Учительница говорит, что

Кремль – древний памятник России.
аптека находится на улице Пушкина.
он плохо понимает по-русски.
Красная площадь находится в центре Москвы.

Ответьте. 3

Когда Катя и Таня завтракают?
Когда они идут в школу?
Сколько времени они в школе?
Когда они обедают?
Сколько времени они делают уроки?
Когда они читают и пишут письма?
Когда они ужинают?
Сколько времени они смотрят телевизор?

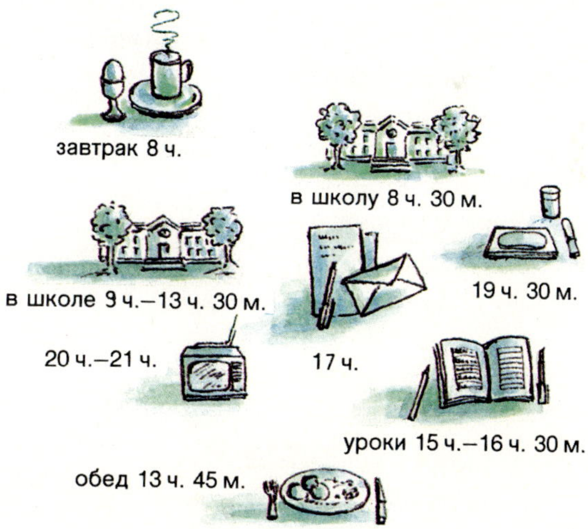

По-русски на уроке

Findet passende deutsche Entsprechungen. 4

Расскажите о себе.
Поговорите в парах.
Выучите эти слова.
Найдите в словаре значение этих слов.
Обращайте внимание на интонацию.

Beachtet die Intonation.
Lernt diese Wörter.
Sprecht paarweise.
Sprecht über euch.
Findet im Wörterbuch die Bedeutung dieser Wörter.

УРОК 6

ablehnen, Ablehnung begründen, Bedauern ausdrücken

Как жаль!

1

Максим: Алло! Это Марк? Привет, Марк! Это Максим.
Марк: Здравствуй, Максим, как дела?
Максим: Хорошо, спасибо. Слушай, Марк. Сегодня у нас в кинотеатре **идёт** новый **фильм**. **Пойдём** вместе в **кино́**?
Марк: Сегодня я не **могу́**.
Максим: **Как жаль! Почему́?**
Марк: Сейчас я **помога́ю** маме. Мы с мамой **убира́ем** комнату и **мо́ем посу́ду**. Пойдём лучше в **воскресе́нье**?
Максим: В воскресенье? Хорошо. Но только вечером. Днём я **ка́ждое** воскресенье **хожу́** в бассейн.
Марк: Хорошо. В воскресенье вечером. **Жду** тебя в 17 часов.

2

	мочь -е-		
я	мог**у́**	мы	мо́ж**ем**
ты	мо́ж**ешь**	вы	мо́ж**ете**
он(а)	мо́ж**ет**	они	мо́г**ут**

что делать? (mit Inf.) убирать, мыть

	ждать -е-		
я	жд**у**	мы	жд**ём**
ты	жд**ёшь**	вы	жд**ёте**
он(а)	жд**ёт**	они	жд**ут**

кого? (А.) Антона, Нину

что? (А.) автобус, машину

	мыть -е-		
я	мо́**ю**	мы	мо́**ем**
ты	мо́**ешь**	вы	мо́**ете**
он(а)	мо́**ет**	они	мо́**ют**

что? (А.) посуду, руки

sagen, wohin oder zu wem man unterwegs ist

Куда ты идёшь?

1

Артём: **Приве́т,** Максим, как дела?
Максим: Нормально. А у тебя?
Артём: Тоже ничего. Ты **куда́ идёшь**?
Максим: На **стадио́н**. **Там сего́дня рок-конце́рт**. Играет моя **люби́мая гру́ппа** ... А куда ты идёшь, **домо́й**?
Артём: Нет, **к** Мари́не. Ей сегодня 14 лет.
Максим: Вот почему у тебя **цветы́**! Ну, **пока́**. Привет Марине!
Артём: Пока!

3B

sagen, wohin oder zu wem man unterwegs ist

2

Прочитайте вслух и сравните.

где? (на, в mit P.)	куда? (на, в mit A.)
на стадионе	на стадион
на концерте	на концерт
в школе	в школу
в дискотеке	в дискотеку
в парке	в парк
в магазине	в магазин
в бассейне	в бассейн
дома	домой
Она дома.	Она идёт домой.

3

	идти́ -е-		
я	**иду́**	мы	**идём**
ты	**идёшь**	вы	**идёте**
он(а)	**идёт**	они	**иду́т**

куда? в, на (mit A.)
в школу, на стадион

к кому? к (mit D.)
к другу, к подруге

4

Скажите, куда или к кому идут Максим и Артём (упр. 1)?
А куда или к кому идут Ина и Борис, Катя и Таня, мама, Зоя?

sich begrüßen und verabschieden

К кому они идут? 5

Артём ⟶ Марина
Катя и Таня ⟶ бабушка
Олег ⟶ Вадим
Ки́ра ⟶ Максим
Ира ⟶ Борис
Зоя ⟶ Ина

Здравствуй, здравствуйте или привет? До свидания или пока? 6

Поговорите по-русски. 7

А: У тебя есть любимая рок-группа?
Б: Есть. Моя любимая группа «...». А твоя?
А: Моя – «...».

А: Привет, Нина! Куда ты идёшь?
Б: На концерт. А ты?
А: Я иду к Дени́су.
Б: Ну, пока! Привет Денису!
А: Спасибо. Пока!

Gestaltet paarweise oder in Gruppen Gespräche. 8

Begrüßt euch.
Fragt euch gegenseitig, wohin der andere geht.
Teilt euer Ziel mit, berichtet darüber so ausführlich wie möglich.
Bestellt Grüße an Geschwister oder Freunde.
Verabschiedet euch voneinander.

So kann man fragen, wohin oder zu wem jemand unterwegs ist:

– Куда ты идёшь?
– В школу. (Я иду в школу.)

– К кому ты идёшь?
– К Борису. (Я иду к Борису.)

So kann man sich unter Jugendlichen begrüßen und verabschieden:

Привет! Пока!

3Г

Текст для чтения

Auch dieser Text ist ein Rätsel. Damit ihr mit dem Lesen schneller vorankommt, hier einige Hilfen:

он преподаёт, они преподаю́т – er unterrichtet, sie unterrichten
предме́т – Fach
учитель францу́зского языка́ – Französischlehrer
учитель геогра́фии – Geographielehrer
знать – wissen
са́мый молодо́й учитель – der jüngste Lehrer

Три учителя

Три учителя работают в школе:

Иван Ива́нович

Борис Иванович

Пётр Иванович

Они преподают шесть предметов:
биоло́гию, геогра́фию, английский язык, французский язык, литерату́ру и матема́тику.
На́до узна́ть●, — es ist zu erraten
какие предметы преподаёт Иван Иванович,
какие предметы преподаёт Борис Иванович и
какие предметы преподаёт Пётр Иванович.
Что мы знаем?
Каждый учитель преподаёт два предмета.
Учитель географии и учитель французского языка – сосе́ди.
Иван Иванович самый молодой учитель.
Все тро́е●: учитель биологии, учитель французского языка и Пётр Иванович утром вместе идут в школу. — alle drei
Учитель биологии ста́рше, чем● учитель математики. — ist älter als
После работы учитель английского языка, учитель математики и Иван Иванович любят вместе играть в домино́.

Wie ist nun die Antwort?
Fertigt euch eine Tabelle an, in der oben waagerecht alle Fächer aufgeführt sind. Nun könnt ihr in die Tabelle eintragen, was ihr von den einzelnen Lehrern erfahren habt. Das hilft euch, das Rätsel zu lösen.

Повторяем

Как правильно: [т] или [т']? 1

Катя, Таня, говорит, говорить, телефон, три, гитара, учитель, у тёти

Beantwortet die Fragen mit einem Wort (einer Wortgruppe). 2

Где Антон играет в футбол? (стадион)
Где мама и папа? (ресторан)
Куда идут Таня и Катя? (школа)
Кому Светлана пишет письмо? (Борис)
О ком говорит Борис? (Нина)
К кому идёт Ина? (бабушка)
Что пишет Зоя? (письмо)

Как правильно: сколько? какой? у кого есть ...? где? у тебя есть ...? о чём? 3

... говорят Катя и Таня?
... у тебя номер телефона?
... компьютер?
... брат или сестра?
... твоя линейка?
... тебе лет?

Уже или ещё? 4

Нина ... хорошо играет в теннис. Борис ... плохо играет в баскетбол. Я ... не говорю по-английски, Ира ... немного говорит по-французски. Антон ... правильно пишет по-немецки, Мила ... не учит немецкий язык.

Welches Wort paßt nicht in die Reihe? 5

много, немного, хорошо, оно
я, ты, он, она, оно, окно, они
линейка, ручка, кассетник, фломастер
бассейн, карта, стадион, зоопарк, ресторан
переведите, послушайте, привет, спросите
учитель, слушать, играть, смотреть, писать

Скажите, что делает Ина. 6

На рисунке номер один она ...

УРОК 4

sagen, mit wem man etwas gemeinsam tut

Шахматный турнир

1

Кирилл: У нас сегодня **ша́хматный турни́р**.
Ира: О! Как интересно! Ты тоже играешь?
Кирилл: **Коне́чно**!
Ира: А **с кем,** с **ма́льчиком** или с **де́вочкой**?
Кирилл: Я играю с **учи́тельницей**. Её зовут Áнна Ива́новна.
Ира: С учительницей? Она хорошо играет?
Кирилл: Очень хорошо!
Ира: А кто играет **лу́чше**, ты или она?
Кирилл: Я не **зна́ю**. Дени́с говорит, **что** я играю лучше, **чем** она. А я **ду́маю**, что она играет лучше.
Ира: Денис? Кто это?
Кирилл: Денис – мой друг. Мы **вме́сте сиди́м** в классе. Я **дружу́** с Денисом уже три года.
Ира: **Ни пу́ха ни пера́,** Кирилл!

2

		m.	f.	
N.Sg.		Антон	Мила	
I.Sg.	(с) кем?	(с) Анто**ном**	(с) Ми**лой**	↗ Г 47; 49

3

Говорите правильно.

[ə]	[ə]	[и]	[и]	[ə]
с‿Анто́н**о**м	с‿Ми́л**о**й	с‿Áн**е**й	с‿учи́тел**е**м	с‿учи́тельниц**е**й
с‿Вади́м**о**м	с‿Ни́н**о**й	с‿Ка́т**е**й		
с‿Макси́м**о**м	с‿И́р**о**й	с‿Та́н**е**й		

Achtet auf die Aussprache der Präposition с.

stimmlos: **с**‿мальчиком, **с**‿Марком, **с**‿подругой, **с**‿папой
stimmhaft: **с**‿братом, **с**‿бабушкой, **с**‿Борисом, **с**‿дедушкой, **с**‿девочкой, **с**‿другом
lang: **с**‿**с**естрой, **с**‿**с**умкой

sagen, mit wem man etwas gemeinsam tut

4

Скажите, кто с кем играет.

Ⓜ Антон играет с Борисом.

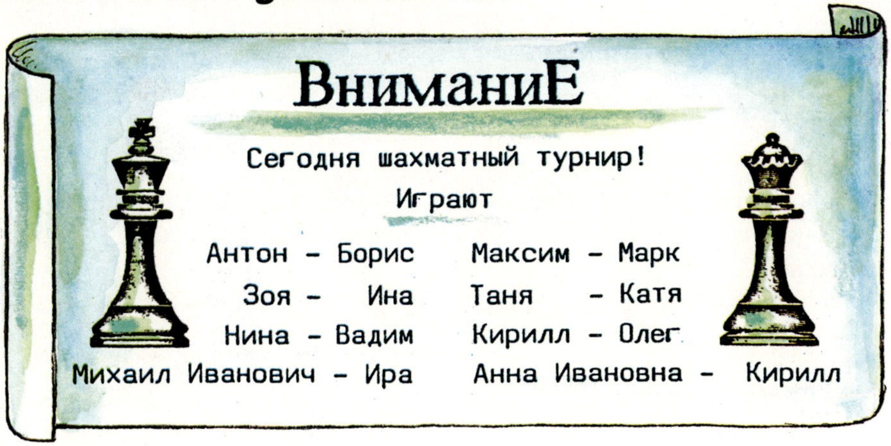

5

	сиде́ть -и-		
я	си<u>ж</u>**у́**	мы	сид**и́м**
ты	сид**и́шь**	вы	сид**и́те**
он(а)	сид**и́т**	они	сид**я́т**

	дружи́ть -и-		
я	друж**у́**	мы	дру́ж**им**
ты	дру́ж**ишь**	вы	дру́ж**ите**
он(а)	дру́ж**ит**	они	дру́ж**ат**

с кем? с (mit I.)

с мальчиком
с девочкой

6

Ergänzt die Wortfamilien.

дружить	учить	говорить по-немецки	по-русски
...	...	немец	...
подруга	...	...	русская

7

Переведите на немецкий язык. Обратите внима́ние на слово «что».

Кирилл говорит, что сегодня в школе шахматный турнир.
Кирилл знает, что учительница очень хорошо играет в шахматы.
Денис думает, что Кирилл играет в шахматы лучше, чем учительница.
Кирилл думает, что учительница играет в шахматы лучше, чем он.

8

Прочитайте ещё раз разговор Иры с Кириллом в упражнении 1. Ответьте на вопросы.

С кем Кирилл сидит вместе в классе? С кем он дружит?

9

Поговорите о себе.

С кем вы любите сидеть на уроке, с мальчиком или с девочкой?
С кем вы любите играть в шахматы (в футбол, в гандбол, в волейбол, в теннис)?
С кем вы любите танцевать (кататься на велосипеде)?

sagen, mit wem man etwas gemeinsam tut

10 **Поговорите по-русски.**

А: Как ты думаешь, кто лучше говорит по-русски, Керстин или Аня?
Б: Конечно, Аня.

А: Как ты думаешь, кто лучше играет в шахматы, Кристиан или Роберт?
Б: Я не знаю, кто лучше играет. Кристиан играет хорошо, и Роберт тоже играет хорошо.
А: А я думаю, что Кристиан играет лучше, чем Роберт.

11 **Прочитайте рассказ Дениса.**

У меня в классе есть друг. Его зовут Кирилл. Я дружу с Кириллом уже три года. Мы **всё** делаем вместе: вместе играем в футбол, вместе слушаем музыку или смотрим телевизор, любим вместе кататься на велосипеде. У Кирилла есть компьютер, и мы часто играем в шахматы с компьютером. Кирилл хорошо играет в шахматы, а я ещё не очень. Уроки мы, конечно, тоже делаем вместе. Мама Кирилла говорит: **«Вас водóй не разольёшь»**.

Дружнée э́тих двух ребя́т
На свéте не найдёшь.
О них все в классе говорят:
«Водóй не разольёшь».

12 **Расскажите о Кирилле и Денисе. Начните так:** У Дениса есть друг. Его зовут Кирилл. Денис и Кирилл ...

13 **Скажи, с кем ты дружишь.**
У тебя есть друг или подруга?
Сколько лет вы уже дружите? Что вы делаете вместе?

So kann man fragen, mit wem jemand etwas gemeinsam tut:	– С кем ты играешь в шахматы? – (Я играю в шахматы) с Борисом.

Zeitangaben machen

Сколько времени?

1

Девочка: Инна Борисовна, **скажи́те,**
пожалуйста, **ско́лько вре́мени**?
Инна Борисовна: **Сейча́с ро́вно** два **часа́**.
Девочка: Спасибо.
Инна Борисовна: Пожалуйста.

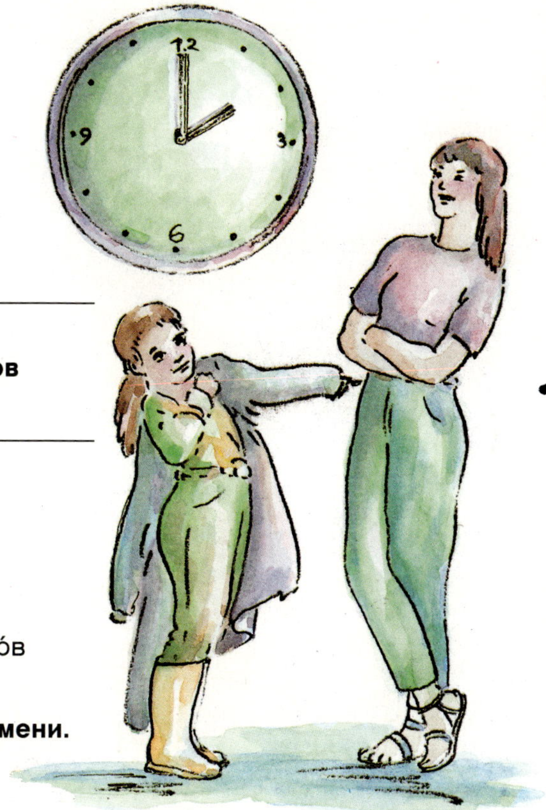

2

Сколько час**о́в**?		
один час	два час**а́**	пять час**о́в**
(1, 21)	(2–4, 22–24)	(0, 5–20)

3

Говорите правильно.

[а]	[и̯^{е}]	[и̯^{е}]
один ч**а**с	два ч**а**са́	пять ч**а**со́в

4

Посмотрите на карту. Скажите, сколько времени.

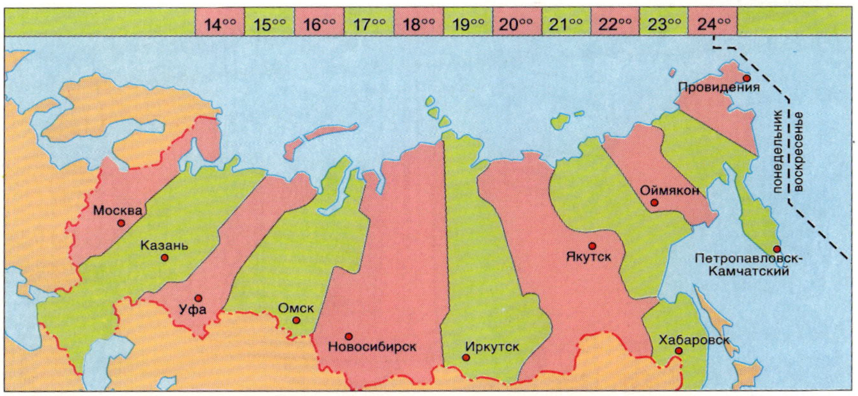

Ⓜ В Москве сейчас двенадцать часов. Во Владиво́стоке сейчас уже девятнадцать часов.

В … сейчас … (час, часа, часов).

4Б

Zeitangaben machen

5

Сколько **минут**?

одна минута
две минуты
пять минут
двадцать одна минута
тридцать три минуты
сорок пять минут

↗ Г 71

6 **Прочитайте вслух.**

25 мин., 28 мин., 35 мин., 41 мин., 10 мин., 3 мин., 2 мин., 22 мин.;
0 час., 2 час., 3 час., 1 час, 12 час., 18 час., 19 час., 24 час., 23 час.;
12.34, 24.00, 6.45, 13.40, 18.25, 10.00, 21.34, 13.46, 17.28

7 **Hört die Zeitangaben vom Tonband.**
Schreibt sie auf.

8 **Поговорите по-русски.**
Посмотрите на **часы́**. Спросите и скажите, сколько времени.

Zeitangaben machen

Переведите. 9

1. Сколько сейчас времени? 2. Сколько времени ты смотришь телевизор? 3. Сколько времени ты делаешь уроки? 4. Я не знаю, сколько сейчас времени. 5. У тебя есть друг или подруга? Сколько времени вы дружите?

Скажите, что делают ребята и сколько времени они это делают. 10

Максим 17.00–18.30

Кирилл 14.00–15.00

Нина 16.30–17.00

Ира 18.00–19.00

So kann man sich nach der Uhrzeit erkundigen:	– Скажи(те), пожалуйста, сколько времени? – Сейчас два часа пятнадцать (минут).
So kann man sagen, wie lange man etwas tut:	– Борис, сколько времени ты делаешь уроки? – Ровно два часа.

4В

sagen, was man zu bestimmten Tageszeiten tut

1

Мой день

Рома́н: Ира! Привет!

Ира: А! Роман! **До́брый день.** Как дела?

Роман: Ничего. Ты куда?

Ира: Домой **обе́дать**. Я обедаю дома с братом.

Роман: Твоя мама **рабо́тает**?

Ира: Да, она работает в магазине. А где ты обедаешь? Тоже дома?

Роман: Нет. Я обедаю в школе.

Ира: **Когда́** в школе **обе́д**?

Роман: **В** час.

Ира: А что ты делаешь **по́сле** обеда?

Роман: Сегодня я иду на стадион играть в теннис.

2 **Сравните.**

Сейчас два часа.

Я обедаю в два часа.

3 **Прочитайте вслух, что делает Нина утром, днём и вечером.**

В 7 часов **за́втрак**.
У́тром Нина **за́втракает** дома.

В 12 часов обед.
Днём Нина обедает в школе.

В 19 часов **у́жин**.
Ве́чером Нина **у́жинает** дома.

sagen, was man zu bestimmten Tageszeiten tut

Говорите правильно. 4

за́втракаю	за́втракаешь	за́втракаете	у́тром
обе́даю	обе́даешь	обе́даете	ве́чером
у́жинаю	у́жинаешь	у́жинаете	
рабо́таю	рабо́таешь	рабо́таете	

Прочитайте ещё раз разговор Иры с Романом (упр. 1). 5
Ответьте на вопросы.

Куда идёт Ира после школы? С кем она обедает? Мама Иры работает? Где она работает? Где обедает Роман? Когда?

Ответьте на вопросы. 6

Когда вы говорите «**До́брое у́тро**»?
Когда вы говорите «Добрый день»?
Когда вы говорите «**До́брый ве́чер**»?
Когда вы говорите «До свидания»?
Когда и кому вы говорите «Здравствуй»?
Когда и кому вы говорите «Здравствуйте»?
Кому вы говорите «Привет» или «Пока»?

утром, днём, вечером
учительница,
мама, папа, брат, сестра

Разыграйте диалоги. Спросите и ответьте, когда и где завтракают, обедают, ужинают Антон, Зоя, Катя и Таня. 7

	Антон		Зоя		Катя и Таня	
	Когда?	*Где?*	*Когда?*	*Где?*	*Когда?*	*Где?*
завтрак	8.00	дома	8.15	дома	8.35	дома
обед	13.30	у бабушки	14.00	в школе	14.15	в школе
ужин	20.30	дома	19.00	у подруги	18.30	в ресторане с мамой и папой

(М) А: Борис, когда ты завтракаешь?
Б: В 8 часов.

А: Где ты сегодня обедаешь?
Б: Дома.
А: Когда?
Б: ...

sich zu bestimmten Tageszeiten begrüßen

8 **Расскажите, что делает Олег.**

7.00
Когда Олег завтракает?

8.30
Когда он идёт в школу?

9.00–14.30
Сколько времени он в школе?

13.00
Где Олег обедает? Когда?

15.00–16.00
Куда Олег идёт в три часа? Сколько времени он играет в гандбол на стадионе?

16.30–18.00
Сколько времени Олег делает уроки?

19.00
Когда Олег ужинает? С кем?

19.30–21.00
Что он делает после ужина? Сколько времени?

9 **А теперь расскажите о себе.**

So kann man jemanden morgens mittags abends begrüßen:	Доброе утро. Добрый день. Добрый вечер.
So kann man jemanden höflich begrüßen:	Здравствуйте.
So kann man vertraute Personen begrüßen:	Здравствуй. Привет.
So kann man sich verabschieden:	До свидания.
So kann man sich von vertrauten Personen verabschieden:	Пока.
So kann man sich nach der Zeit, zu der etwas geschieht, erkundigen:	– Когда ты ужинаешь? – В девятнадцать часов.

Текст для чтения

Переведите на немецкий язык.

америка́нец, голла́ндец, куби́нец
шахматы – шахмати́ст Га́рри Каспа́ров
чемпио́н, матч, гроссме́йстер, сове́тский гроссмейстер
был (бы́ло) – war. Он был чемпионом 8 лет. Ему было 40 лет.
были – waren
стать – werden, ста́л(и) – wurde(n)

Чемпионы мира• по шахматам

Weltmeister

Пе́рвый матч на пе́рвенство мира по шахматам был в 1886 (тысяча восемьсот восемьдесят шестом) году́ в США.
Чемпионом мира по шахматам стал тогда́• американец Вильгельм Стейниц. Вильгельм Стейниц был чемпионом восемь лет.

damals

После Стейница чемпионами мира по шахматам было ещё 12 гроссмейстеров:
немецкий шахматист Эмануэль Ласкер (1894–1921),
кубинец Хосе Рауль Капабланка (1921–1927),
русский гроссмейстер Александр Алёхин (1927–1935, 1937–1946),
голландец Макс Эйве (1935–1937),
советские шахматисты:
Михаи́л Ботви́нник (1948–1957, 1958–1960, 1961–1963),
Василий Смысло́в (1957–1958),
Михаил Таль (1960–1961),
Тигра́н Петрося́н (1963–1969),

А. Алёхин

М. Ботви́нник

4Г

Текст для чтения

Борис Спасский (1969–1972),
американец Роберт Джеймс Фишер (1972–1975),
советские шахматисты:
Анатóлий Кáрпов (1975–1985) и
bis heute — Гарри Каспаров (1985 до сегóдняшнего дня).

alle übrigen — jünger — Стейниц стал чемпионом мира, когда ему было 50 лет. Все остальны́е чемпионы мира были много молóже. Ботвинник и Смыслов стали чемпионами в 36 лет, Алёхин – в 35, Эйве и Петросян – в 34 года, Капабланка и Спасский – в 32 года, Фишер – в 29 лет, Ласкер – в 25 лет, Карпов – в 24 года, Таль – в 23 года, а Каспаров – в 22 года.

Всегó за это время было 32 матча на первенство мира, в котóрых играли 24 гроссмейстера.

Шахматы – очень популярная в России игра.

Ergänzt folgende Aussagen zum Text.

1. Der Amerikaner ... besaß den Weltmeistertitel ... Jahre. 2. Der Deutsche ... war ... Weltmeister im Schach. 3. Am längsten behielt den Schachweltmeistertitel der sowjetische Großmeister ... Er war insgesamt ... Jahre Weltmeister. 4. Unter den insgesamt ... Schachweltmeistern waren ... jünger als 30 Jahre, als sie den Titel errangen.

ablehnen, Ablehnung begründen, Bedauern ausdrücken

Кого или что они ждут? 3

прохожий
юноша
девушка
Вадим
Катя и Таня

такси автобус
трамвай Борис
Нина Антон юноша девушка
учитель учительница
девочка мальчик

Что они делают? 4

Максим

Кирилл

Антон и Мила

**Fordert euch gegenseitig auf, etwas gemeinsam zu unternehmen.
Macht Gegenvorschläge.** 5

А: Пойдём играть в футбол?
Б: Пойдём.

А: Пойдём в кино?
Б: Пойдём лучше в бассейн.
А: Хорошо, пойдём в бассейн.

Сравните. 6

к сожалению
Как жаль!

Борис идёт в кино.
В кино идёт новый фильм.

мы с мамой = мама и я

Разыграйте диалоги. Придумайте варианты. 7

А: Пойдём в кино? Сегодня идёт новый фильм.
Б: К сожалению, не могу.
А: Почему ты не можешь?
Б: Я жду Нину. Мы с Ниной пойдём на стадион.

А: Пойдём кататься на велосипеде?
Б: У меня **нет врéмени**. Я делаю уроки
А: Как жаль!

ablehnen, Ablehnung begründen, Bedauern ausdrücken

8 **Сравните.**

Ребята идут в бассейн.

Они каждое воскресенье (**всегда́, ча́сто**, каждый день) ходят в бассейн. ↗ Г 19–21

9

	ходи́ть -и-		
я	хо**жу́**	мы	хо́**дим**
ты	хо́**дишь**	вы	хо́**дите**
он(а)	хо́**дит**	они	хо́**дят**

куда? в, на (mit A.)

на концерт
в школу

10 **Идти или ходить?**

1. Таня и Катя … в кино.
2. Сейчас утро. Нина и Таня … в школу. Они всегда … в школу вместе.
3. Куда вы … каждое воскресенье? – Мы … в бассейн.
4. Куда ты …? – В магазин. Я часто … в магазин после школы.
5. Нина часто … в кино вместе с Ритой.

11 **Расскажите о себе.**

С кем вы всегда ходите утром в школу?
Вы часто ходите в кино? Почему?
Вы ходите на концерты, в музеи, в театр? С кем?
Куда вы любите ходить в воскресенье?

So kann man ein Angebot ablehnen und die Ablehnung begründen:	– Пойдём в кино? – Не могу. У меня нет времени.
So kann man Bedauern ausdrücken:	– К сожалению, я не могу ждать Нину. – Как жаль!

über Tätigkeiten in der Vergangenheit sprechen

Что вы делали вчера?

Вадим: Где ты **былá вчерá**, Ира? Я тебе **звони́л** вечером.
Ира: **Сначáла** я была в аптеке, а потом мы с Кирой ходили в кино. В кинотеатре «**Дрýжба**» шёл **интерéсный** французский фильм.
Вадим: А **позавчерá**? Позавчера я тебя тоже не **ви́дел**.
Ира: Позавчера я была в дискотеке. А почему ты нé был в дискотеке?
Вадим: Позавчера **у меня́ нé было врéмени**. Мы с бабушкой работали в **садý**. А вчера вечером я был дома. Сначала я учил английские **словá**, а потом мы с братом смотрели телевизор.

1

Präteritum

2

Infinitiv	Sg. m.	Sg. f.	Pl.	
	я, ты, он	я, ты, она	мы, вы, они	
помогáть	помогá **л**	помогá **ла**	помогá **ли**	
быть	бы **л**	бы **лá**	бы́ **ли**	↗ Г 33
но: идти́	шёл	шла	шли	
мочь	мог	моглá	могли́	

über Tätigkeiten in der Vergangenheit sprechen

3 **Говорите правильно**

[й]	[é]
Нина н**е**‿была́ в школе.	Вадим н**é**‿был в дискотеке.
Таня н**е**‿была́ на стадионе.	Борис н**é**‿был в саду.
Катя н**е**‿была́ в театре.	У меня н**é**‿было времени.

4 **Прочитайте ещё раз разговор Вадима с Ирой, а потом спросите и ответьте.**

звонить	– Кто звонил Ире? Вадим.
быть в аптеке	– Кто … в аптеке?
ходить в кино	– Кто … в кино?
танцевать в дискотеке	– Кто … в дискотеке?
помогать бабушке	– Кто … бабушке?
смотреть телевизор	– Кто …?
учить английские слова	– Кто …?

5 **Скажите, что Зоя и Максим делали в воскресенье.**

12 ч. обедать
14 ч. делать уроки
15 ч. слушать **кассéты** у Иры
17 ч. учить немецкий язык
19 ч. дискотека

12.30 ч. работать в саду
14.30 ч. шахматы с Антоном
17 ч. быть у Вадима
19.30 ч. смотреть фильм в кинотеатре

6 **Скажите, где или у кого не был Максим (не была Зоя).**

7 **Сравните.**

Вчера мы ходили в театр.	=	Вчера мы были в театре.
Нина ходила в магазин.	=	Нина была в магазине.
(ходить куда? в mit A.)	=	(быть где? в mit P.)

über Tätigkeiten in der Vergangenheit sprechen

8 **Спросите Нину, Веру, Бориса, Катю и Таню, где они были сегодня после школы Что они делали вчера (позавчера) вечером?**

	Нина	Вера	Борис	Катя и Таня
ходить в магазин	+			+
делать уроки дома	+	+		+
играть в теннис (в футбол)		+	+	
быть на стадионе			+	+
быть на концерте		+		
работать в саду	+		+	
читать книгу в библиотеке	+	+		
учить английский язык у Антона			+	

Ⓜ А: Рита, где ты была сегодня после школы? Я тебя не видел(а).
Б: Сначала я делала уроки дома, а потом работала в саду.

9 **Поговорите по-русски в парах.**

А: Как жаль, что ты не был(а) вчера в дискотеке! Я тебя ждал(а).
Б: У меня не было времени. Я помогал(а) брату делать уроки.

А: Почему ты вчера не был(а) в дискотеке?
Б: К сожалению, я не мог(ла). Я помогал(а) брату делать уроки.

Используйте слова и словосочетания: быть в кино (на стадионе, в парке, в театре, в музее, на концерте), смотреть телевизор, играть в шахматы с компьютером ... ходить к бабушке, помогать маме, учить русский язык, делать уроки, читать книгу в библиотеке, убирать комнату, мыть посуду, писать письмо ...

10 **Расскажите о себе.**

Что вы делали вчера вечером?
Вы вчера смотрели телевизор?
Вы вчера читали книгу?

Что вы делали в воскресенье?
Вы были в кино?
Вы ходили в театр или в музей?
Вы звонили другу или подруге?

So kann man nach Tätigkeiten in der Vergangenheit fragen:

– Что ты делал(а) вчера?
– Я учил(а) русский язык.

6В

über einmalige Handlungen in der Vergangenheit sprechen

Я нарисовал портрет

1

Вадим: Привет, Борис, как дела?
Борис: Плохо. Сегодня я **получи́л дво́йку**.
Вадим: Двойку? Ты урок не **вы́учил**?
Борис: Нет. Я **це́лый** урок **рисова́л портре́т** Нины.
Вадим: Ну и что? Плохо **нарисова́л**?
Борис: Нет, нарисовал хорошо. Но это было на уроке **матема́тики**.

2

vollendete (v.) Verben	unvollendete (uv.) Verben	↗ Г 16-18
написа́ть	писать	
прочита́ть	читать	
нарисовать	рисовать	
позвони́ть	звонить	
выучить	учить	
сде́лать	делать	
спроси́ть	**спра́шивать**	
отве́тить	**отвеча́ть**	
получить	**получа́ть**	
сказа́ть	говорить	
	oft mit: часто, всегда, **иногда́**, каждый день, целый год, каждое воскресенье, **до́лго**, два часа	

über einmalige Handlungen in der Vergangenheit sprechen

Прочитайте, переведите и объясните. 3

Борис долго *писал* письмо

и *написал* три **страни́цы**.

Ира два часа *делала* уроки.

Она *сделала* уроки, а потом позвонила Кате.

Как правильно? Почему? 4

позвонил или звонил?

Марк каждое воскресенье … Зое. Вчера вечером он тоже … и сказал, что идёт в кино.

выучил или учил?

Андреас, ты … новые слова? – Нет, я целый час …, но ещё не все слова …

сделала или делала?

Бабушка: Ты уже все уроки …, Таня?

Таня: Да, все. Мы с Катей сегодня два часа … уроки.

Bestimmt den Aspekt der hervorgehobenen Verben. 5
Verändert die Sätze durch Hinzufügen eines Wortes oder einer Wortgruppe so, daß der andere Aspekt gebraucht werden muß.

Нина вчера *написала* письмо Борису.
Катя вечером *позвонила* по телефону Ире.
Таня *получила* письмо из Москвы.

Петя *нарисовал* портрет Маши.
Сергей *получил* письмо из Новосибирска.

Ⓜ Нина *спросила* Иру, какой фильм она смотрела.
Нина *два раза спрашивала* Иру, какой фильм она смотрела.

6Г

Человек и животное (A)

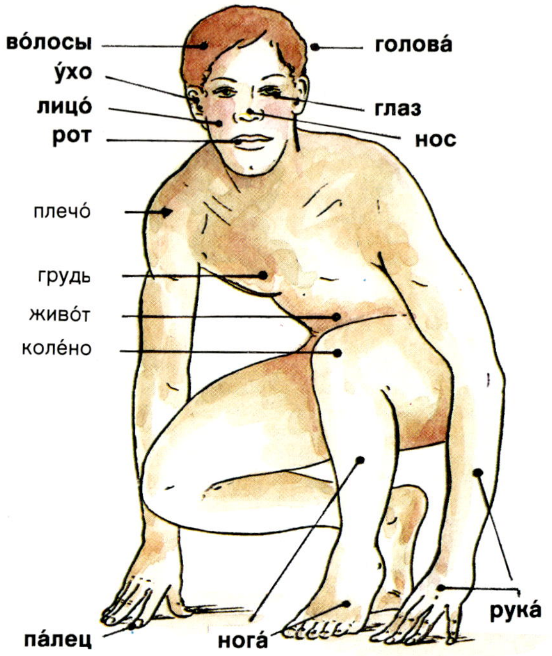

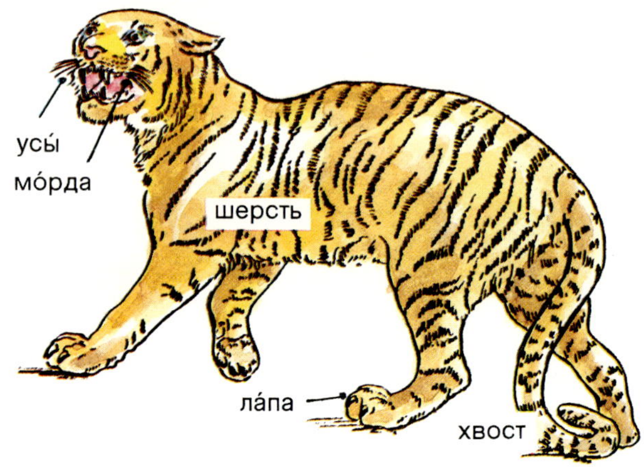

Bezeichnungen für Körperteile sind Bestandteile vieler russischer Wendungen.
Versucht, deutsche Entsprechungen für folgende Wendungen zu finden.
(Beachtet свой, свой – eigener, eigene.)

голова

Ира реша́ет зада́чу. Она уже два часа лома́ет го́лову. У Иры све́тлая голова, но математика не идёт ей в го́лову.

глаз, глаза́

Аня была в Москве. Она видела столицу своими● глазами. — mit eigenen
Виктор любит Нину. Он не сво́дит с Нины глаз.

нос

Зи́на не видит да́льше своего́ носа.
Но она всю́ду суёт● свой нос. — steckt hinein

ухо, у́ши

Оле́г по́ уши влюблён в Катю.

рука, ру́ки

У Иры нет часов. Без часов Ира как без рук.

нога, но́ги

Таня сегодня вста́ла с ле́вой ноги́.
Книги на столе у Кирилла стоят вверх● нога́ми. — nach oben

палец

Денис живёт в Москве. Он знает столицу как свой пять па́льцев.

Sucht aus dem Text Wendungen heraus, die ihr in folgenden Situationen verwenden könnt.

Jemand kennt Berlin wie seine Westentasche.
Jemand steckt seine Nase überall hinein.
Jemand hat sehr schlechte Laune.
Jemand zerbricht sich seinen Kopf.
Jemand hat Moskau mit eigenen Augen gesehen.

Повторяем

Ihr seht die Betonungsmuster von 9 Adjektiven. Drei davon sind falsch eingeordnet. Welche? 1

новая	большая	красивая
старая	любимая	плохая
древняя	красная	хорошая

Welches Wort paßt nicht in die jeweilige Reihe? 2

город, деревня, улица, портрет, трамвай, стоянка
юноша, девушка, господин, госпожа, группа, женщина, мужчина
недалеко от, рядом с, нет, напротив, у, к, в, на
куда, когда, где, мой, с кем, откуда, у кого, к кому, о чём
большая, маленькая, новый, красивая, старая

Wie lautet die Frage? 3

… ты была?	– В школе.
… ты был?	– У бабушки.
… ты была у бабушки?	– С Антоном.
… ты был в библиотеке?	– В два часа.
… называется город?	– Берлин.
… ты идёшь утром?	– В школу.
… вы говорили?	– О спорте.

Gebt auf jede Frage mehrere Antworten. 4

Кто утром говорит в классе: «Доброе утро, ребята!»?
Кто не знает, где находится почта?
У кого есть брат (сестра)?
К кому Антон идёт после школы?
Кого ребята видят на улице?
С кем говорит учитель?
О чём он говорит?

мальчик, девочка
учитель, учительница
бабушка, дедушка, брат, сестра
друг, подруга, Москва

По-русски на уроке

Переведите на немецкий язык. 5

Спросите. Ответьте на вопросы. Повторите. Переведите. Поговорите в парах. Разыграйте диалог. Сравните. Расскажите о себе. Разговор. Рассказ.

УРОК 7

über Tätigkeiten in der Zukunft sprechen

Что вы будете делать завтра?

1

Ли́да: Максим, **дава́й** вместе учить английские слова.
Максим: К сожалению, не могу. У меня сегодня **трениро́вка**.
Лида: А что ты **бу́дешь** делать **за́втра**?
Максим: Завтра и **послеза́втра** у нас в школе будут **соревнова́ния**, мы будем играть в **насто́льный** теннис.
Лида: **Зна́чит**, ты тоже будешь играть?
Максим: Конечно. Я буду играть в **кома́нде** А. А что ты будешь делать завтра?
Лида: Завтра я буду дома. **Мой роди́тели** будут делать **ремо́нт** в квартире, а я буду **гото́вить** обед.
Максим: **Ра́зве** ты **уме́ешь** готовить?
Лида: Конечно, умею. Я **да́же собира́ю реце́пты**.
Максим: Ты **молоде́ц**! А я не умею готовить. У нас всегда готовит бабушка. Знаешь что, давай учить слова в воскресенье?
Лида: Давай.

2

Futur der uv. Verben

я	бу́**ду**	игра**ть**
ты	бу́**дешь**	
он(а)	бу́**дет**	
мы	бу́**дем**	
вы	бу́**дете**	
они	бу́**дут**	

↗ Г 32

3

Поговорите по-русски.

А: Что ты будешь делать сегодня вечером?
Б: Я буду смотреть телевизор.

А: Ты будешь завтра делать ремонт в квартире с папой?
Б: Буду.

4

Переведите.

смотреть соревнования **по** футболу
ходить на соревнования по гандболу
Завтра на стадионе будут соревнования по **гимна́стике** и по настольному теннису.
Когда у вас в школе будут соревнования по настольному теннису?

5

Сравните.

смотреть соревнования по футболу
смотреть соревнования по хоккею
смотреть соревнования по телевизору
слушать музыку по радио

zu gemeinsamen Tätigkeiten auffordern

Говорите правильно. 6

[и̯] бу́дешь, бу́дет, бу́дем, бу́дете; роди́тели, в кома́нде, ра́зве, уме́ешь соревнова́ния

[и̯ᵉ] послеза́втра, ремо́нт, реце́пт

[ә̯] соревнова́ния‿по‿футбо́лу, соревнова́ния‿по‿гандбо́лу, смотре́ть‿фильм по‿телеви́зору, собира́ть, молоде́ц

Скажите, кто что будет делать в воскресенье. 7

я, ты, вы	рисовать, учить русские слова
твой родители	работать в саду с дедушкой
Кирилл	смотреть по телевизору соревнования по футболу
бабушка	играть в настольный теннис
мы с Ниной	делать ремонт в квартире
папа с мамой	готовить обед

Скажите, что они будут делать завтра (послезавтра), в воскресенье. 8

Fordert euch gegenseitig auf, 9

einen Wettkampf im Handball anzusehen, Tischtennis zu spielen, im Garten zu arbeiten, Mittagessen zu kochen, russische Wörter zu lernen, im Fernsehen einen Film anzusehen.

Ⓜ Давай кататься на велосипеде.

10 **Послушайте и повторите. Обращайте внимание на интонацию.**

А: Давай готовить обед.
Б: Разве ты умеешь готовить?
А: Конечно, умею. Я даже собираю рецепты.

А: Сегодня вечером я буду играть в шахматы с Милой.
Б: Но Мила ещё ма́ленькая. Разве она умеет играть в шахматы?
А: Конечно, умеет. Мы с Милой часто играем.

11 **Поговорите по-русски.**

А: Давай играть в теннис.
Б: Разве ты умеешь играть?
А: Конечно, умею.
Б: Молодец. А я не умею.

12 **Прочитайте вслух и решите задачу.**

Задача:
Сегодня, завтра и послезавтра четыре команды будут играть в школе в настольный теннис:
команда А, команда Б, команда В и команда Г.
Каждый день будут играть **все** четыре команды.
Мы знаем, что команда А будет сегодня играть с командой Б, а завтра она будет играть с командой В.
Скажите, кто и с кем будет играть послезавтра?

Решение:
Команда А … с … Б сегодня. Завтра она … с … В.
Значит, послезавтра она … с … Б или с … В.
Послезавтра она … с ….
Значит, … будет играть послезавтра с ….

Слова для вставки:
будет играть, не будет играть, команда, команда Г, команда Б, команда В

13 **Расскажите о себе.**

Что вы умеете (не умеете) делать?
Что вы любите (не любите) делать?
Что вы умеете, но не любите делать?
Что вы будете делать сегодня после школы (вечером, в воскресенье)?

So kann man nach Tätigkeiten in der Zukunft fragen:	– Что ты будешь делать в воскресенье? – В воскресенье я буду читать и смотреть телевизор.
So kann man zu gemeinsamen Tätigkeiten auffordern:	– Давай смотреть соревнования по гандболу. – Давай.

Wünsche äußern

Письмо из Москвы

Дорога́я Катрин! Москва, 30.5.19.. г. 1

Извини, что долго не писала, но у меня было очень **ма́ло** времени. У нас были соревнования по волейболу, и я каждый день ходила на тренировки. Сейчас соревнования **позади́**. Ты спрашиваешь, какие у меня **пла́ны**. **Хочу́** хорошо **ко́нчить уче́бный** год, **поэ́тому** сейчас много времени сижу **за уче́бниками**.
Ско́ро у нас будут **кани́кулы**. Все мы – мой брат Максим и мои родители – будем жить **ле́том** в деревне у бабушки с дедушкой. Это не очень большая деревня, но места там очень красивые. В деревне у нас с Максимом есть друзья Ми́тя и Кла́ва. Мы будем вместе ходить на реку **купа́ться**, кататься на **ло́дке** или **лови́ть ры́бу**. Я не умею ловить рыбу и не люблю, но Митя с Максимом большие **рыболо́вы**. Конечно, я буду помогать бабушке и дедушке в саду, буду много читать, ходить в **дереве́нский клуб**. Там часто идут **хоро́шие** фильмы, а в воскресенье всегда дискотека. И ещё я очень люблю слушать, как в клубе деревенские женщины и девушки **пою́т** русские **наро́дные пе́сни**. **Осо́бенно** я люблю песню «**Вече́рний звон**». А ещё мы хотим **пое́хать** в Санкт-Петербург. Это очень красивый город. Я буду посылать тебе **отту́да откры́тки**.
А потом мы будем ждать тебя в Москве.
Пиши мне, жду.

Твоя подруга Ира

хоте́ть -е-			-и-	что делать?
я	хочу́	мы	хоти́м	(mit Inf.)
ты	хо́чешь	вы	хоти́те	играть
он(а)	хо́чет	они	хотя́т	купаться

	петь -е-			что? (А.)
я	пою́	мы	поём	песню
ты	поёшь	вы	поёте	
он(а)	поёт	они	пою́т	

2

Говорите правильно. 3

[ə̯] ма́ло, ско́ро, осо́бенно, ле́том

[a̯] хочу́, хоти́м, хоти́те, хотя́т, пою́, поёшь, поёт, поём, поёте, пою́т, лови́ть, рыболо́в, пое́хать, откры́тка, отту́да, хоро́ший, поэ́тому, осо́бенно

7Б

Wünsche äußern

4 **Сравните.**

деревня – **деревен**ский клуб
шахматы – **шахмат**ный турнир
вечер – **вечер**няя газета

5 **Nennt die Substantive, von denen folgende Adjektive abgeleitet sind. Übersetzt die untenstehenden Wortgruppen.**

школьный, классный, волейбольный, музейный, телефонный, концертный, велосипедный, библиотечный, газетный, рыбный, автобусный, музыкальный, утренний;
городской, мужской, женский;
телефонная книга, концертный зал, газетный киоск, автобусная остановка, городской парк, музыкальная школа, школьный стадион, утренняя гимнастика.

6 **Ergänzt die Wortfamilien.**

учебный (год) учебник (3 слова)	дружба (3 слова)	вечерний (2 слова)	петь (1 слово)	ехать (1 слово)
мало (1 слово)	хорошо (1 слово)			

7 **Закончите предложения. Используйте «поэтому».**

Ⓜ Ира хочет хорошо кончить учебный год, поэтому она много времени сидит за учебниками.

Максим хочет хорошо играть в настольный теннис	всегда учит английские слова
Ира хочет слушать русские народные песни	много читает
Зоя хочет хорошо знать английский язык	пишет письма Ральфу по-немецки
Нина хочет хорошо знать немецкий язык	ходит в деревенский клуб
Борис хочет много знать	каждый день ходит на тренировки

8

	éхать -е-		
я	**éду**	мы	é**дем**
ты	é**дешь**	вы	é**дете**
он(а)	é**дет**	они	é**дут**

куда? в, на (mit A.)
на соревнования
в Санкт-Петербург

Wünsche äußern

Разыграйте диалоги. Придумайте другие варианты. 9

В автобусе
А: Куда ты едешь?
Б: На стадион. У меня сегодня тренировка. А ты?
А: Я еду в кино. Там сегодня идёт новый фильм.

Скоро каникулы
А: Ральф, скоро каникулы, куда вы хотите поехать летом?
Б: Мы хотим поехать в Москву.
А: Ты будешь мне писать оттуда открытки?
Б: Буду.

Прочитайте письмо Иры в упражнении 1 ещё раз и ответьте на вопросы. 10

Почему Ира много сидит за учебниками? Что она будет делать в деревне? Куда ещё хочет поехать семья? Что Ира любит делать? Что она не любит делать?

Расскажите о себе. 11

Что вы будете делать летом? Куда вы хотите поехать? Почему? Вы будете оттуда писать открытки? Кому?

Вече́рний звон (Слова И. Козло́ва)

Abendklang

Вече́рний звон, вечерний звон,
Как много дум наво́дит он. — wie viele Gedanken weckt er

О ю́ных днях в краю́ родно́м, — im Heimatland
Где я люби́л, где о́тчий дом.

И как я, с ним наве́к простя́сь, — nachdem ich mich für immer verabschiedet hatte
Там слы́шал звон в после́дний раз … — das letzte Mal

So kann man Wünsche äußern:
– Что ты хочешь делать?
– Я хочу слушать музыку.

Люблю тебя, Петра́ творе́нье,
Люблю твой стро́гий, стро́йный вид,
Невы́ держа́вное тече́нье,
Берегово́й её грани́т …

А. С. Пу́шкин

Dich, Peters Werk, lieb' ich vor allen,
Lieb' deiner Züge ernsten Schnitt,
Der Newa majestätisch Wallen
und ihres Uferkleids Granit, …

Alexis Lupus (Wolff)

Выучите эти слова:

мо́ре, Балти́йское мо́ре	– Meer, Ostsee
бе́рег моря, на берегу́ моря	– Ufer, Küste
мост – мосты́, на мосту́	– Brücke
мост **че́рез** Неву́	– über

Санкт-Петербург

Санкт-Петербург – город на берегу Балтийского моря – основа́л русский царь Пётр Пе́рвый. Па́мятник основа́телю города. Скульпту́ра Э. Фальконе́, 1782 г. На́дпись по-русски и по-латински: «Петру́ Пе́рвому – Екатери́на Втора́я. Ле́та 1782●».

Für Peter I.
Katharina II.
Im Jahr 1782

Тексты для чтения

Петропа́вловская кре́пость

Зи́мний дворе́ц – архите́ктор В. В. Растре́лли, 1754–1764 г. До 1917 г. ца́рская резиде́нция. Сейча́с здесь нахо́дятся колле́кции Эрмита́жа.

Адмиралте́йство – архитектор А. Д. Заха́ров, 1806–1823 г.

Исаа́киевский собо́р – архитектор А. Монферра́н, 1818–1858 г. Сейчас в здании собо́ра находится музей (докуме́нты о строи́тельстве и архитекту́ре здания) и прово́дятся богослуже́ния.

Дворцо́вая площадь. Триумфа́льная а́рка Гла́вного шта́ба – архитектор К. И. Ро́сси – и Алекса́ндровская коло́нна – архите́ктор А. Монферран – па́мятники побе́ды над Наполео́ном.

Пискарёвское кла́дбище – мемориа́льный памятник ленингра́дцам, поги́бшим (die umgekommen sind) во время второ́й мирово́й войны́.

Санкт-Петербург, город на реке Неве́, стоит на 101 о́строве. Здесь бо́льше 500 мосто́в. Мост через Неву.

Текст для дополнительного чтения

день закла́дки	– Tag der Grundsteinlegung	вы́ход к	– Zugang zu
име́ть значе́ние	– Bedeutung haben	в честь	– zu Ehren
удо́бный	– bequem		

Основание Санкт-Петербурга

300 лет назад русский царь Пётр Пе́рвый на́чал стро́ить крепость на берегу Балтийского моря. Эта крепость должна́ была● стать форпо́стом России в войне со Шве́цией. День закла́дки крепости – 16 мая 1703 года – счита́ется● днём основа́ния Петербурга. Этот город имел очень большое значе́ние для России. Он давал России удо́бный вы́ход к Балтийскому морю. Строи́тельством● города Пётр – как писал велики́й русский поэт А. С. Пушкин – «проруби́л● окно в Евро́пу». За коро́ткое вре́мя на берегу моря был постро́ен большой европе́йский город-порт Санкт-Петербург. Это назва́ние он получил в честь апо́стола Петра́. В 1712 году Петербург стал столицей России. Здания города и целые архитектурные анса́мбли стро́или лу́чшие русские и иностра́нные архитекторы и ску́льпторы. Так возни́к● один из са́мых красивых городо́в мира. Здесь почти́ каждый дом – памятник.

● sollte — ● gilt als — ● mit dem Bau — ● schlug auf – — ● entstand

Sucht im Text Sätze, die über die Bedeutung von Sankt Petersburg für die Entwicklung Rußlands Auskunft geben.

Повторяем

Nennt zu den angegebenen Themenkreisen möglichst viele Wörter. In Klammern sind Richtwerte angegeben. 1

Personen (16): родители, прохожий, мужчина, ...
Tiere (5): кошка, собака, ...
Sportarten (8): гимнастика, ...
Zeitangaben (9): час, минута, ...
Tätigkeiten in der Schule (10): учить, отвечать, ...
Tätigkeiten zu Hause (10): делать уроки, мыть посуду, ...
Tätigkeiten in der Freizeit (15): танцевать, ходить в кино, ...

Ordnet den Verben passende Wortgruppen zu. 2

ходить	– английские слова
дружить	– в классе
сидеть	– другу в Москву
писать	– недалеко от города
находиться	– с девушкой
учить	– на стадион

Что говорит прохожий, а что – маленькая девочка? Напишите диалог. 3

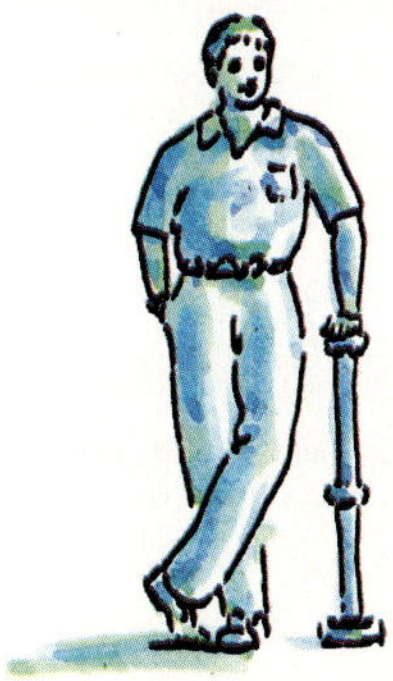

Как тебя зовут, девочка?
Где ты живёшь?
На улице Пирогóва.
Вот твой дом.
Номер 25.
Какой у тебя номер дома?
Четыре года.
Я не знаю.
Спасибо.
Маня.
До свидания.
Где твоя мама?
Помогите мне, пожалуйста.
Сколько тебе лет?
Я не знаю, где мой дом.

Что спрашивают Борис, Таня, Зоя, Максим? 4

Борис: ...?
Володя: Мой номер телефона 5-15-25.

Таня: ...?
Сима: Моя деревня называется Родники.

Зоя: ...?
Рима: Мой город находится недалеко от Москвы.

Максим: ...?
Клава: Есть. Его зовут Митя.
Максим: ...?
Клава: Ему 15 лет.

7Г

5 **Найдите правильный ответ на каждый вопрос.**

Извините, где здесь остановка автобуса?
Скажите, пожалуйста, как дойти до аптеки?
Где находится стадион?

К сожалению, я не знаю, где она.
Он недалеко отсюда. Идите прямо, а потом сверните направо.
Вот она, видите? Это остановка автобуса.

6 **Welche zwei Wörter sind in diesen Figuren versteckt?**

В	Р	И
З	О	Т
Л	Е	Е

Е	З	Л
О	П	Р
Т	В	А
С		А

7 **Что отвечают ребята?**

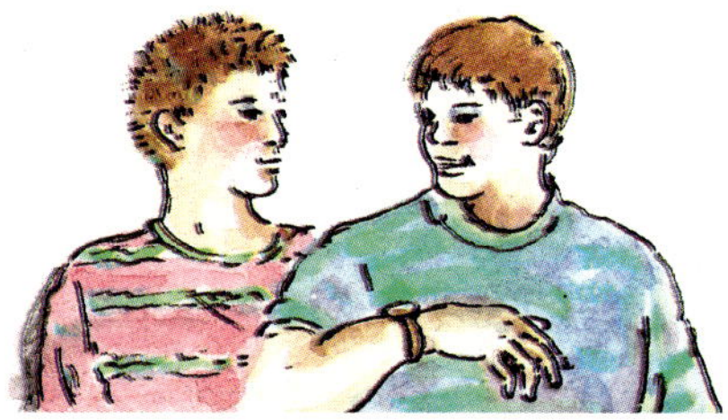

А: Сколько сейчас времени?
Б: ...

А: Сколько времени ты будешь делать уроки?
Б: ...

А: Извини, ты говоришь по-русски?
Б: ...

А: Ты умеешь играть в шахматы?
Б: ...

8 **Дополни диалог.**

Маша: Здравствуй. Меня зовут Маша. Моя фамилия Королёва. А как тебя зовут?
Ты: ...
Маша: Это немецкое имя?
Ты: ... ...?
Маша: Маша – русское имя. Я русская.
Ты: ...?
Маша: Мне четырнадцать лет. А тебе?
Ты: ...
Маша: Я живу в Новосибирске. А ты?
Ты: ...
Маша: У тебя есть телефон? Мой номер телефона: Новосибирск 22-15-34.
Ты: ...

Повторяем

Ordnet den Zeichnungen passende Unterschriften zu. 9

— Как ты думаешь, кто лучше танцует, Пётр или Володя?
— Конечно, Пётр. Володя не умеет танцевать.
— Пойдём в кино?
— К сожалению, у меня нет времени. Я хочу хорошо кончить учебный год и поэтому много сижу за учебниками.

Какие языки знают туристы? 10

100 туристов едут сначала в Германию, а потом во Францию. 10 туристов не умеют говорить ни по-французски, ни по-немецки. 75 туристов знают немецкий язык. 83 туриста говорят по-французски. Сколько туристов знает два языка?

едут – fahren
ни … ни – weder noch

Кто может ответить? 11

Откуда это письмо?
Как зовут получателя (Empfänger)?
Где он живёт?
Кто написал письмо?
Где он(а) живёт?

Gestaltet Gespräche. 12

Du hast eine(n) russische(n) Bekannte(n) getroffen.

- Begrüße sie (ihn), erkundige dich nach dem Befinden. Sage ihr (ihm), wohin du unterwegs bist. Frage sie (ihn), wohin er (sie) geht. Fordere sie (ihn) auf, etwas gemeinsam zu unternehmen.
- Stelle ihr (ihm) eine Schulfreundin (einen Schulfreund) vor. Sage, wie sie (er) heißt, wie alt sie (er) ist, woher sie (er) kommt.
- Sage deinem Gesprächspartner (deiner Gesprächspartnerin), wo du wohnst (Ort, Straße, Hausnummer), und erkundige dich nach seiner (ihrer) Anschrift. Tauscht Adressen aus. Vergeßt nicht die Postleitzahl.

Erkläre einem Touristen, der in deine Stadt gekommen ist, den Weg zum Hotel.

УРОК 8

sagen, wo man etwas kaufen kann

Где можно купить сувениры?

1

Ира: Ты уже 10 дней в Москве, Катрин, а мы ещё так мало **посмотре́ли**.

Катрин: Почему? Мы уже много посмотрели: Кремль, Красную площадь, памятник Пушкину, метро, были в театре ... А куда сегодня пойдём?

Ира: **Дава́й пое́дем** на Арба́т. Это очень интересная улица в центре Москвы. Там **продаю́т типи́чные** русские **сувени́ры**. Прямо на улице **худо́жники** рису́ют портреты прохожих, **молоды́е лю́ди** поют или читают **стихи́**.

Катрин: Как интересно! Ты говоришь, что там **мо́жно купи́ть** сувениры?

Ира: Конечно. На Арбате **тури́сты** всегда **покупа́ют** сувениры.

Катрин: Я хочу купить маме русский **плато́к**, а папе **альбо́м с ви́дами** Москвы.

Ира: **Прекра́сно!** Поедем на Арбат!

2

Здесь	можно	купить сувениры.	
Hier	kann man	Souvenirs kaufen.	↗ Г 85
Здесь	продают	сувениры.	
Hier	verkauft man	Souvenirs *oder*	
	werden	Souvenirs verkauft.	↗ Г 79

sagen, für wen man etwas kaufen möchte

Поговорите по-русски. 3

ди́ски	книги	открытки с видами Москвы
пласти́нки	альбомы	**матрёшки, значки́**
кассеты	марки	русские платки
музыка́льные инструме́нты	калькуляторы	**зеркала́,** часы, **ва́зы**
		типичные русские сувениры

А: Где можно купить альбом с видами Москвы?
Б: В магазине «Книги».

А: Я хочу купить сувенир подруге. Ты не знаешь, где продают русские платки?
Б: В магазине «Сувенир» на Арбате.

Сравните. 4

Сейчас Нина *спросит* (wird fragen), где продают пластинки.

Нина *спрашивает* (fragt) девушку, где продают пластинки.

über Tätigkeiten in der Zukunft sprechen

5 **Futur der v. Verben**

Präsens – unvollendeter Aspekt	**Einfaches Futur** – vollendeter Aspekt	
она спрашивает – sie fragt	она **спро́сит** – sie wird fragen	↗ Г 31

6 **Дополните и прочитайте вслух. Переведите.**

писать: я пишу, ты пишешь	написать: я напишу́, ты напи́шешь*
звонить: ...	позвонить: я позвоню́, ты позвони́шь
смотреть: ...	**посмотре́ть**: я посмотрю́, ты посмо́тришь
ехать: ...	**пое́хать**: я пое́ду, ты пое́дешь
идти: ...	пойти: я пойду́, ты пойдёшь
говорить: ...	сказать: я скажу́, ты ска́жешь
покупать: ...	купить: я куплю́, ты ку́пишь
отвечать: ...	ответить: я отве́чу, ты отве́тишь
спрашивать: ...	спросить: я спрошу́, ты спро́сишь
получать: ...	получить: я получу́, ты полу́чишь

* entsprechend auch: читать – прочитать, делать – сделать, учить – выучить.

7 **Vergleicht das einfache und das zusammengesetzte Futur.**

Игорь: Ты мне *будешь писать*?
Вадим: Конечно. Завтра *напишу.*

Максим: Вы мне *будете звонить*?
Таня и Олег: Конечно. Сегодня вечером *позвоним.*

8 **Переведите и объясните.**

Вечером Ира скажет Катрин, что они будут делать завтра.
Сначала девочки купят билеты в кино, а потом поедут на Арбат.
Девочки посмотрят на карте, где находится магазин «Подарки».

zu gemeinsamen Tätigkeiten auffordern

Setzt die Verben ins Futur. 9

В магазине «Подарки» Катрин *(купить)* маме платок, а потом она *(покупать)* подарки папе и дедушке.
Сначала я *(прочитать)* новую книгу об А́фрике, а потом эту книгу *(читать)* мой друг.
Сегодня вечером я *(написать)* подруге письмо. Теперь я часто *(писать)* письма подруге.

Ответьте на вопросы. 10

(М) А: Вы посмотрели Арбат?
Б: Нет, завтра посмотрим.

1. Борис, ты написал Тане открытку? 2. Таня, ты уже сделала уроки? 3. Вы сегодня купили сувениры? 4. Аня, ты прочитала книгу? 5. Надя, Виктор уже сказал, куда мы пойдём завтра?

Предложите собеседнику вместе 11

– поехать в центр города, на стадион, ..., к подруге, ...
– посмотреть Кремль, Красную площадь, Арбат, ...
– пойти в кино, в музей, на стадион, ...

(М) Давай поедем в зоопарк!

Поговорите по-русски. 12

Один из вас хочет купить сувенир и не знает, какой и где. Предложите ему поехать в **универма́г**, купить типичные русские сувениры.

So kann man fragen, wo man etwas kaufen kann:	Где можно купить сувениры? Где продают кассеты?
So kann man sagen, für wen man etwas kaufen möchte:	Я хочу купить брату ручку.
So kann man einmalige Handlungen in der Zukunft ausdrücken:	Завтра пойдём в магазин, купим Нине подарок.
So kann man jemanden zu gemeinsamer Tätigkeit auffordern:	Давай купим подарки!

8Б

sich Gegenstände zeigen lassen

В магазине

1

Катрин: Покажите мне, пожалуйста, русский платок.

Продавщи́ца: Пожалуйста. У нас много платков. Какой вам **нра́вится**?

Катрин: Вот **э́тот зелёный. Ско́лько он сто́ит?**

Продавщица: 190 **рубле́й**.

Катрин: 190 рублей! Это очень **до́рого**.

Продавщица: Да, это **дорого́й** платок. **Возьми́те** этот **бе́лый**. Он **дешёвый**, он стоит 100 рублей.

Ира: 100 рублей – это **дёшево**.

Катрин: Да, и он мне нравится. Я возьму этот платок.

Продавщица: **Плати́те в ка́ссу** 100 рублей.

2

взять v. -е-	что? (А.) книгу
я возьму́ ты возьмёшь	ich werde nehmen

3

Сравните.

учитель	**продаве́ц**
учительница	продавщица

4

	Nominativ				Akkusativ		↗ Г 68
Сколько стоит (стоят)	этот	белый	платок?	Покажите мне	этот	белый	платок.
	эта	белая	сумка?		**эту**	бел**ую**	сумк**у**.
	это	белое	зеркало?		это	белое	зеркало.
	эти	белые	вазы?		эти	белые	вазы.

Beachtet:	син**ий** (**-яя**)	A.f.:	син**юю**
	древн**ий** (**-яя**)		древн**юю**

nach dem Preis fragen

Попросите показать вам эти вещи.
Скажите, что вам нравится (не нравится) и что вы возьмёте. **5**

Де́ньги в России **6**

один рубль — одна **копе́йка**
два рубля — две копейки
пять рублей — пять копеек

– Сколько стоит эта сумка?
– 132 рубля.

Скажите, сколько стоят эти вещи. **7**

Ⓜ ... девяносто восемь рублей пятьдесят копеек.

8 Б

Einkaufsgespräche führen

8 **Разыграйте диалог в магазине. Придумайте другие варианты.**

А: Покажите мне, пожалуйста, эту вазу.
Б: Какую? Белую?
А: Нет, синюю. Сколько она стоит?
Б: 95 рублей 50 копеек.
А: Это дорого. А белая сколько стоит?
Б: Это дешёвая ваза. Она стоит 40 рублей 25 копеек.
А: Я возьму белую, она мне нравится.

9

		I. Deklination m.	n.	II. Deklination f.
N. Pl.		альбом **ы**	слов **а́**	книг **и**
G. Pl.	сколько? много, **не́сколько**, мало	альбом **ов***	слов	книг

↗ Г 51

* nach weichen Konsonanten bzw. Zischlaut **-ей** (учителе́й, карандаше́й)

Merkt euch den G. Pl:

открытка	—	открыт**о**к
марка	—	мар**о**к
пластинка	—	пластин**о**к
ручка	—	руч**е**к
письмо	—	пи́с**е**м
девушка	—	девуш**е**к
копейка	—	копе**е**к

10 **Bildet von folgenden Substantiven im Genitiv Pl. den Nominativ Sg. u. Pl.**

брат — братья — братьев, друг — друзья — друзей

альбомов, часов, ваз, подарков, учителей, библиотек, сувениров, значков, книг, матрёшек, фломастеров, пластинок, кассет, карандашей, гостиниц, магазинов, платков, слов, машин, улиц, окон, зерка́л, подруг, девушек, рублей, копеек

11 **Дополните реплики продавца и покупателя.**

Покупатель: У вас есть ...?
Продавец: У нас много ...
У нас есть несколько ...
У нас мало ...
К сожалению, у нас нет ...

über einen Einkaufsbummel berichten

12

	I. und II. Deklination		
D. Pl.	магазин	**ам**	
I. Pl.	магазин	**ами**	
P. Pl.	(в) магазин	**ах**	↗ Г 51

13

Говорите правильно.

[ə] по‿магази́н**а**м, по‿у́лиц**а**м; в‿шко́л**а**х, в‿кла́сс**а**х, на‿у́лиц**а**х; с‿ребя́т**а**ми, с‿ма́льчик**а**ми

14

Скажите, что делали Катрин и Ира в Москве.

Они **гуля́ли** по улицам (площадь, парк).
Они ходили по магазинам (музеи, универмаги).
Они были в дискотеках (парк, стадион, концерт, бассейн, магазин).
Они много **разгова́ривали** с подругами (родители Иры, друзья, девочки и мальчики из школы).

15

Поговорите по-русски о том, что вы делали вчера и позавчера: где были, куда ходили, с кем разговаривали, что купили.

Souvenirs/Geschenke Ⓐ

Armreif	брасле́т	Puppe	ку́кла
Handschuhe	перча́тки	Ring	кольцо́; ко́льца
Kette	цепо́чка	Samowar	самова́р
Löffel	ло́жка	Tablett	подно́с
Holz~	деревя́нная ~	Tischdecke	ска́терть

So kann man sich etwas zeigen lassen:	Покажите мне, пожалуйста, этот синий альбом.
So kann man ausdrücken, ob einem etwas gefällt:	Мне (не) нравится эта матрёшка. Мне (не) нравятся эти часы.
daß man etwas kaufen will:	Я возьму эту ручку.
So kann man nach dem Preis fragen:	– Сколько стоит эта сумка? – 120 рублей.

sagen, daß man etwas essen (trinken) möchte

Мне хочется есть

1

Ира: **Как бы́стро вре́мя пролете́ло!** Уже два часа. **Мне** очень **хо́чется есть**. Давай **пообе́даем** на улице, а **поу́жинаем** дома.

Катрин: Давай. А где?

Ира: Смотри, там продают **пирожки́**, а там **соси́ски, со́ки, моро́женое**. Хочешь сосиски?

Катрин: Нет, сосиски я могу есть дома, в Германии, а пирожки я **давно́** хотела **попро́бовать**.

Ира: С чем? С **мя́сом**, с **капу́стой**, с **варе́ньем**?

Катрин: Давай возьмём с капустой.

2

Вам очень хочется есть.
Попросите в буфете дать вам ...

(2, 3, 4, 5) пирожок с — мясо, капуста, варенье

(2, 3, 4, 5) **бутербро́д** с — **колбаса́**, **сыр**, рыба, **икра́**

sagen, daß man etwas probieren möchte

Скажите, что вы любите, что вы хотите попробовать. 3

сосиски, пирожки с ..., бутерброды с ..., **шашлы́к, блины́**, рыба, мороженое, сок, **ко́ла, лимона́д, квас, чай, кефи́р, молоко́, ко́фе**

Поговорите по-русски. 4

А: Мне очень хочется есть. Я возьму ...
Б: А я не люблю ... Я возьму ... Я давно хотел(а) попробовать ...
А: Давай возьмём ... Мне очень хочется **пить**.
Б: Мне тоже хочется пить. Я возьму ...

So kann man sagen, daß man Hunger (Durst) hat:	Мне хочется есть (пить).
So kann man sagen, was man gerne kosten möchte:	Я хочу попробовать блины.

8г

Выучите эти слова.

райо́н го́рода	Stadtteil, Bezirk
писа́тель	Schriftsteller
компози́тор	Komponist
це́рковь	Kirche
Pl. це́ркви	
знамени́тый	berühmt
знаменитый писатель	
знаменитые люди	

Переведите.

Пешехо́дная зо́на – это улица, где нет автомашин и трамваев. Здесь много магазинов.
Букинисти́ческий магазин – это магазин, где продают старые книги.
Антиква́рный магазин – это магазин, где продают красивую старую посуду, вазы, часы ...

Арбат

В центре Москвы, недалеко от Кремля, находится Арбат – один из старых районов города. Там много памятников исто́рии, культу́ры и архитекту́ры. Здесь жили знаменитые люди: писатели, художники, композиторы. В районе Арбата находятся дом-музей Ле́р-

монтова, музей-квартира А. С. Пу́шкина, дом-музей композитора А. Н. Скря́бина, театр имени Е. Вахта́нгова, маленькие церкви и многие другие интересные здания. (Wachtangow-Theater)
Но Арбат – это и назва́ние улицы. Это первая пешеходная зона Москвы, место, где любят гулять **москвичи́** и туристы. Они посеща́ют рестораны, маленькие кафе́, ходят по магазинам. Здесь есть антикварные, сувени́рные, ювели́рные и букинистические магазины. На улице перед магазинами художники продают свои́ (*hier:* ihre) карти́ны или рисуют портреты прохожих. Здесь молодой человек читает стихи, там ю́ноша поёт песни под гитару; люди стоят, слушают. А рядом – полити́ческая диску́ссия. Вечером открыва́ются (werden geöffnet) дискотеки и видеоте́ки.

Как вы думаете, почему москвичи любят Арбат?

Тексты для чтения

Поэт Була́т Окуджа́ва жил на Арбате, он очень любил эту улицу и написал об Арбате несколько песен. Вот одна из них:

Песенка об Арбате

Ты течёшь как река. Стра́нное назва́ние!
И прозра́чен асфа́льт, как в реке вода́.
Ах Арбат, мой Арбат, ты моё призва́ние,
Ты и ра́дость моя, и моя беда́.

Пешеходы твои – люди невели́кие,
Каблука́ми стуча́т – по дела́м спеша́т.
Ах Арбат, мой Арбат, ты моя рели́гия,
Мостовы́е твои подо мно́й лежа́т.

От любо́ви твое́й во́все не изле́чишься,
Сорок ты́сяч други́х мостовы́х любя́.
Ах Арбат, мой Арбат, ты – моё оте́чество,
Никогда́ до конца́ не пройти́ тебя!

Lied über den Arbat

Nacherzählung von Leonhard Kossuth

Du strömst dahin wie ein Fluß. Welch sonderbarer Name! Und durchsichtig wie Flußwasser ist dein Asphalt. Ach, Arbat, mein Arbat, du gibst meinem Leben Sinn. Meine Freude bist du und mein Leid.
Keine großen Leute sind es, die dich bevölkern. Mit ihren Absätzen klappernd, gehen sie ihren Geschäften nach. Ach, Arbat, mein Arbat, du bist meine Religion, und dein Fahrdamm liegt mir zu Füßen.
Wer dich liebt, wird dich nie vergessen, und wenn ihn vierzigtausend andere Straßen bezaubern. Ach, Arbat, mein Arbat, du bist mein Vaterland – dich zu durchmessen, reicht kein Leben aus.

Повторяем

Как правильно: [л] или [л']? 1

бе**л**ый – зе**л**ёный – жё**л**тый; ско**ль**ко руб**л**ей – два руб**л**я – п**л**атить; п**л**астинка – п**л**аток – а**ль**бом – ф**л**омастер – зерка**л**о

Скажите, 2

что вы часто делаете вечером,
что вы делали в воскресенье (вчера),
что вы будете делать завтра (послезавтра; сегодня вечером).

Используйте:
смотреть фильм, слушать музыку, работать в саду, готовить обед, мыть посуду, помогать маме, писать письма …

Закончите вопросы. 3

1. Борис вечером делал уроки. Утром папа спросил:
   – Ты вчера все уроки …?
2. Таня знает, что Ира часто получает письма от Катрин. Таня спрашивает:
   – Ты вчера …?
3. Вечером Таня читала новую книгу. Утром Катя говорит:
   – Как долго ты вчера …?
4. Катрин часто пишет письма. Ира спрашивает:
   – Кому ты это письмо …?

Fragt nach den unterstrichenen Wortgruppen. Bestimmt den Kasus. 4

1. Утром Таня была в школе.
   Сейчас Таня помогает бабушке.
2. Виктор дружит с Борисом. Он знает Бориса уже пять лет.
   Вчера он был у Бориса.
3. Оля едет из Москвы в Берлин.

у кого?
кому?
кого?
с кем?
откуда? куда?
где? кто?

По-русски на уроке

Welche Wendungen fordern zum Sprechen auf? 5

Поговорите по-русски. Спросите. Ответьте на вопросы.
Прочитайте текст. Разыграйте диалог. Прочитайте вслух.
Придумайте вопросы. Расскажите о себе. Закончите предложения.
Прочитайте правильно. Поговорите в парах.

УРОК 9

sagen, womit sich jemand beschäftigt

Какие предметы ты любишь?

1

Катрин: Ира, у тебя есть любимые **предме́ты**?
Ира: Есть. Я люблю **иностра́нные** языки.
Катрин: А ещё?
Ира: Ещё мне нравится **литерату́ра**.
Максим: А математика?
Катрин: Ты любишь математику?
Ира: Математика **даётся мне нелегко́**, поэтому я много **занима́юсь** математикой.
Максим: Знаешь, Катрин, она по́ уши **влюблена́** в учителя математики, и поэтому очень **стара́ется** хорошо **учи́ться**.
Ира: Максим!
Катрин: А мне математика даётся **легко́**, но мои любимые предметы **исто́рия** и **физкульту́ра**.

2

Говорите правильно.

фи́зика	матема́тика
му́зыка	**биоло́гия**
хи́мия	**геогра́фия**

3

Скажите,

– какие предметы вы любите или не любите,
– какие предметы даются вам легко или нелегко.

sagen, womit sich jemand beschäftigt

Кто в кого влюблён? **4**

Саша Нина Маша Вадим Зоя Антон

Саша и Нина влюблен**ы́**.
Нина влюблен**á** в Сашу, а Саша
влюблён в Нину.

Konjugation reflexiver Verben **5**

	занима́ться -е-	чем? (I.)	учи́ться -и-	где?
Präsens		спортом, музыкой		в школе
я	занимаю**сь**		**учу́сь**	
ты	занимаешь**ся**		у́чишь**ся**	
он(а)	занимает**ся**		у́чит**ся**	
мы	занимаем**ся**		у́чим**ся**	
вы	занимаете**сь**		у́чите**сь**	
они	занимают**ся**		у́чат**ся**	
Präteritum				
он	занимал**ся**		учи́л**ся**	
она	занимала**сь**		учи́ла**сь**	
они	занимали**сь**		учи́ли**сь**	↗ Г 38; 39

ebenso: кататься, даваться (даётся, даются, nur 3. Person), называться (nur 3. Person), стараться

ebenso: находиться (нахожу́сь, нахо́дишься), нравиться (нравлюсь, нравишься)

6

Говорите правильно.

[цə̥]	[с'ə̥]	[с']
дава́**ться**	ката́л**ся**	учу́**сь**
нахо́ди**тся**	занима́ешь**ся**	занима́ла**сь**
занима́ю**тся**	стара́ешь**ся**	находи́ли**сь**
нра́ви**тся**	у́чишь**ся**	учи́ли**сь**

7

Дополните предложения.

– Ты умеешь … на велосипеде?
– Да, умею. Мне … кататься на велосипеде.

– Таня … музыкой?
– Да, она играет на гитаре. Она очень …

– Как … эта улица? Это улица Че́хова?
– Нет, это улица Пушкина. Улица Чехова … в центре.

– Тебе … новый учитель математики?
– Да, но математика … мне нелегко.

заниматься
кататься
называться
находиться
нравиться
стараться
даваться

8

Поговорите по-русски.

Скажите, какие предметы вы любите, какие из них даются вам (не)легко.
Кто из вас старается лучше учиться?
Чем вы занимаетесь в **свобо́дное вре́мя**?

So kann man fragen, womit sich jemand beschäftigt:

– Чем ты занимаешься после школы?
– Я люблю читать, занимаюсь музыкой и спортом.

sagen, in welche Schule (Klasse) man geht

1

Где ты учишься?

Ира учится в Москве. Она любит иностранные языки. Она учится в немецкой **спецшко́ле**, в **восьмо́м** классе. Немецкий язык она учит уже **седьмо́й** год, **со второ́го** класса. Дома она ещё занимается английским языком.
Катрин живёт в Германии. Она учится в **гимна́зии**, в восьмом классе. Катрин учит два языка: **пе́рвый** иностранный язык – английский, а второй – русский. С **девя́того** класса она будет учить ещё и **тре́тий** иностранный язык – французский, латинский или испанский.

2

Kardinalia	Ordinalia	Kardinalia	Ordinalia
один	первый	шесть	**шесто́й**
два	второй	семь	седьмой
три	третий	восемь	восьмой
четыре	**четвёртый**	девять	девятый
пять	**пя́тый**	десять	**деся́тый**

первый **эта́ж,** первая остановка, первое слово, первые места
Beachtet: третий, третья, третье, третьи

3

Прочитайте вслух. Переведите.

9-я школа, 4-й трамвай, 2-е место, 10-й этаж, 6-я школа, 3-й день, 1-й иностранный язык, 8-й автобус, 7-я остановка трамвая, 3-е письмо, 2-й урок, 2-я улица

sagen, in welche Schule (Klasse) man geht

4

«Учить» или «учиться»?

Катрин ... в гимназии. Она ... английский и русский языки. Катрин ... хорошо. Она всегда ... уроки после школы. А новые слова она **обы́чно** ... вечером.
Катрин занимается музыкой. Она ... играть на гитаре. А как вы ...?

5

Deklination der Adjektive

	Sg. m.	Sg. n.	Sg. f.	Pl.
N.	нов **ый**	нов **ое**	нов **ая**	нов **ые**
G.	нов **ого**		**ой**	**ых**
D.	нов **ому**		**ой**	**ым**
A.	wie N./G.	wie N.	**ую**	wie N./G.
I.	нов **ым**		**ой**	**ыми**
P.	(о) нов **ом**		**ой**	**ых**

↗ Г 57

6

Говорите правильно.

[ə̥] на пе́рв**о**м этаже́, на пя́т**о**м этаже́, на девя́т**о**м этаже́
[ə̥вə̥] пе́рв**ого** кла́сса, пя́т**ого** кла́сса, девя́т**ого** кла́сса
[овə̥] со втор**о́го** класса, с шест**о́го** кла́сса, с седьм**о́го** кла́сса

7

Дополните предложения.

Я учу в школе ...
У меня двойка по ...
Мой брат занимается ...
Он уже умеет читать на ...
Моя сестра влюблена в учителя ...

немецкий язык
испанский язык
латинский язык
английский язык
французский язык
иностранные языки
русская литература

Я учусь в ...
Мы учим английский язык с ...
Я учу русский язык с ...

пятый класс
седьмой класс
восьмой класс

sagen, in welche Schule (Klasse) man geht

Stellt fest, wie die russischen Wortgruppen im Deutschen wiedergegeben werden. 8

городска́я библиотека	– Stadtbibliothek
деревенская школа	– …
шахматный турнир	– …
кни́жный магазин	– …
любимый предмет	– …
учитель математики	– Mathematiklehrer
центр города	– …
учитель физики	– …
учитель русского языка	– …
урок немецкого языка	– …

Поговорите по-русски. 9

Как вы думаете, русский язык **тру́дный**? Вам русский язык даётся легко или нелегко? Какой язык вы ещё учите? С какого класса (сколько лет) вы учите первый иностранный язык?

Прочитайте текст и ответьте на вопросы. 10

В русском языке есть много слов из **други́х европе́йских** языков, например из гре́ческого и лати́нского. Мно́гие слова вошли́• в русский язык из немецкого: стул, группа, солда́т, бутерброд; из французского: меда́ль, бульо́н, буке́т, шоссе́; из английского: спорт, футбо́л, хо́бби. Но есть и слова, которые из русского языка вошли в другие, например: тайга́, царь, тро́йка, спу́тник …

Вы можете сказать, какие из этих слов вошли в русский язык из немецкого: бухга́лтер, шлагба́ум, гара́ж, воя́ж, рюкза́к, сквер, сюрпри́з, трамва́й, котте́дж, сви́тер, маршру́т, интерме́ццо?

А остальны́е• слова?

• вошли́ – kamen
• остальны́е – übrige

So kann man sagen, in welche Schule und welche Klasse man geht:	– В какой школе и в каком классе ты учишься? – Я учусь в гимназии, в восьмом классе.

sagen, was jemand an bestimmten Wochentagen tut

Какие у тебя отметки?

1

Катрин: Максим, какие предметы ты любишь?

Максим: У меня нет любимых предметов.

Катрин: А я люблю физкультуру, историю, языки.

Максим: Катрин, какие **отме́тки** у тебя по русскому языку?

Катрин: **Едини́цы** и двойки.

Максим: Как? Это же плохие отметки!

Катрин: Нет, у нас это хорошие отметки. Наша единица – это ваша **пятёрка**.

Максим: А, понимаю! У нас хорошие отметки пятёрки и **четвёрки**, а у вас в Германии единицы и двойки. **Тепе́рь всё я́сно**.

Катрин: А как ты учишься?

Максим: **Вообще́** я учусь на четвёрки и пятёрки, только по английскому языку у меня **тро́йка**.

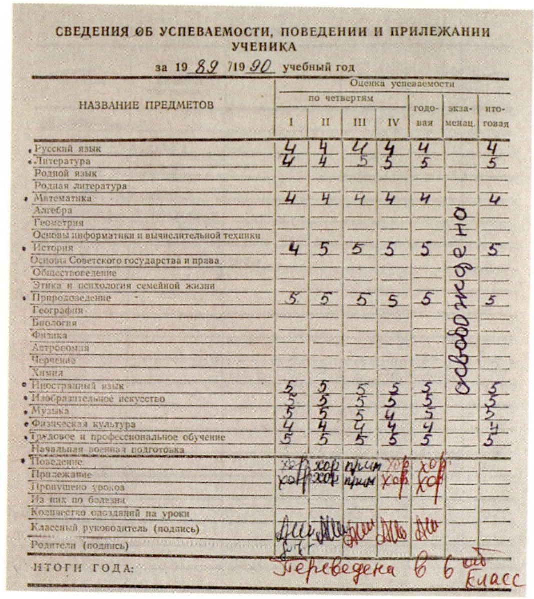

СВЕДЕНИЯ ОБ УСПЕВАЕМОСТИ, ПОВЕДЕНИИ И ПРИЛЕЖАНИИ УЧЕНИКА

за 19 89 /19 90 учебный год

НАЗВАНИЕ ПРЕДМЕТОВ	Оценка успеваемости: по четвертям I	II	III	IV	годовая	экзаменац.	итоговая
Русский язык	4	4	4	4	4		4
Литература	4	4	5	5	5		5
Родной язык							
Родная литература							
Математика	4	4	4	4	4		4
Алгебра							
Геометрия							
Основы информатики и вычислительной техники							
История	4	5	5	5	5		5
Основы Советского государства и права							
Обществоведение							
Этика и психология семейной жизни							
Природоведение	5	5	5	5	5	освобождено	5
География							
Биология							
Физика							
Астрономия							
Черчение							
Химия							
Иностранный язык	5	5	5	5	5		5
Изобразительное искусство	5	5	5	5	5		5
Музыка	5	5	5	4	5		5
Физическая культура	4	4	4	4	4		4
Трудовое и профессиональное обучение	5	5	5	5	5		5
Начальная военная подготовка							
Поведение	хор	хор	прим	хор	хор		
Прилежание	хор	хор	прим	хор	хор		
Пропущено уроков							
Из них по болезни							
Количество опозданий на уроки							
Классный руководитель (подпись)							
Родители (подпись)							

ИТОГИ ГОДА: Переведена в 6 класс

2

Скажите, какие у вас отметки.

(M) Вообще я учусь на ..., но иногда получаю и ... По русскому языку (по музыке) у меня ...

3

Когда?

↗ Г 89

дни **неде́ли**	в какой день? (в mit A. Sg.)	**по** каким дням? (по mit D. Pl.)
воскресе́нье	в‿воскресе́нье	по‿воскресе́ньям
понеде́льник	в‿понеде́льник	по‿понеде́льникам
вто́рник	во‿вто́рник	по‿вто́рникам
среда́	в‿сре́ду	по‿среда́м
четве́рг	в‿четве́рг	по‿четверга́м
пя́тница	в‿пя́тницу	по‿пя́тницам
суббо́та	в‿суббо́ту	по‿суббо́там

über Zensuren und Stundenplan sprechen

Скажите, что Саша будет делать в понедельник, во вторник и в другие дни. 4

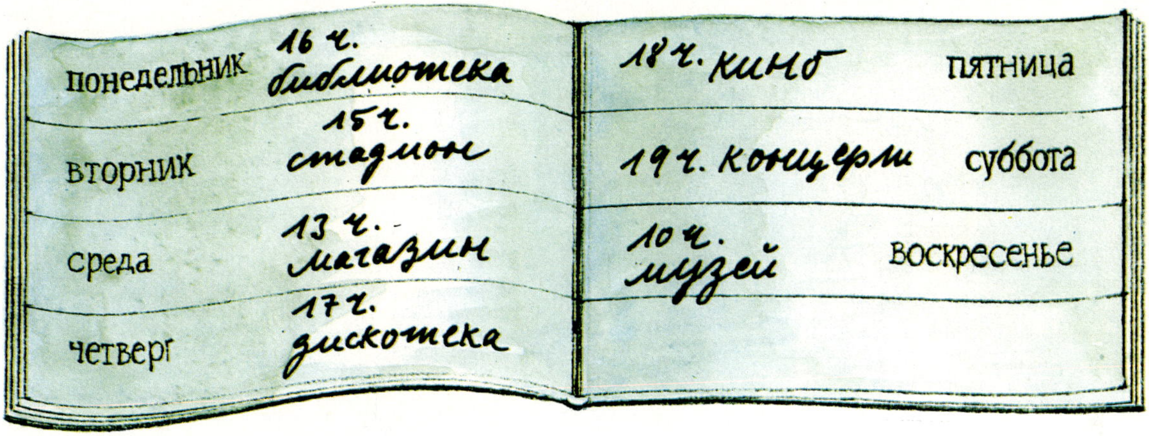

Прочитайте вслух расписа́ние уро́ков Саши и скажите: 5

Сколько уроков у Саши по понедельникам?
Сколько раз в неделю у него **труд** и **вы́бор профе́ссии**?
Какие предметы у Саши по вторникам?
По каким дням у Саши математика (биология, ...)?

	понедельник	вторник	среда	четверг	пятница	суббота
1	русский язык	математика	математика	труд	русский язык	физика
2	математика	математика	биология	труд	биология	география
3	история	музыка	математика	выбор профессии	иностранный язык	математика
4	химия	химия	русский язык	русский язык	физика	иностранный язык
5	география	черчение	история	литература	химия	физкультура
6		физкультура				

6 **Скажите,**

– сколько уроков у вас в неделю.
– сколько уроков у вас в понедельник (во вторник, ...).
– сколько раз в неделю у вас физика (биология, ...).

7 **Расскажите, как вы учитесь. Используйте план.**

– школа, класс
– расписание уроков
– любимые предметы
– иностранные языки
– отметки, (не)легко

Einige Schultypen in Deutschland (A)

Hauptschule – гла́вная школа
Realschule – реа́льная школа
Gymnasium – гимназия
Gesamtschule – о́бщая школа

So kann man fragen,

– was jemand an bestimmten Wochentagen tut:
  – Что ты делаешь по вторникам?
  – По вторникам у меня 6 уроков. После уроков я хожу на стадион.

– welche Zensuren jemand in einem Fach hat:
  – Какая отметка у тебя по физике?
  – По физике у меня четвёрка.
  – Я учусь на пятёрки и четвёрки.

Тексты для чтения

Выучите эти слова.

сре́дняя шко́ла — Mittelschule
профессиона́льное учи́лище — Berufsschule
оконча́ние — Beendigung
~ шко́лы
факультати́в — Wahlfach
аттеста́т — Abschlußzeugnis
~ о сре́днем образова́нии — Reifezeugnis

Übersetzt. Nutzt bekannte Wörter.

шко́льник (школа, школьник учится в школе)
уча́щийся (тот, кто учится; учащиеся профессионального училища)
изуча́ть (учить)

Так учатся школьники в России

Школьники в России учатся в средней школе 9 или 11 лет. После окончания девятого класса они могут учиться да́льше в профессиональном училище или в те́хникуме. После окончания одиннадцатого класса школьники получа́ют аттестат о среднем образовании и могут поступи́ть● в университе́т или в институ́т. Кто после одиннадцатого класса сдал● все экза́мены на пятёрки, получа́ет золоту́ю меда́ль.

С четвёртого класса школьники изуча́ют один иностра́нный язык: английский, немецкий, французский или испанский. По интересам учащиеся могут выбира́ть факультативы.

В больших городах есть средние специальные школы с преподава́нием ря́да предметов на иностранном языке и специа́льные математи́ческие и физи́ческие школы. В 1989 году на ба́зе средних школ откры́лись● первые гимназии и лице́и.

В русской школе пятиба́лльная оце́нка зна́ний●: «5» – отли́чно, «4» – хорошо́, «3» – удовлетвори́тельно, «2» – неудовлетвори́тельно, «1» – очень плохо.

hier: gehen
abgelegt hat
wurden ... eröffnet
fünfstufiges Zensurensystem

Welche Unterschiede bestehen zwischen der Schule in Rußland und in Deutschland?
Переведите первый абзац текста на немецкий язык.

9г

Дополнительное чтение

Переведите со словарём.

морепла́вание, торго́вля, ремесло́, вое́нный, ука́з

Как учился Пётр I

В де́тстве Пётр учился читать и писать по церко́вным книгам. По́зже он выучил арифме́тику и геоме́трию, занимался ра́зными ремёслами, вое́нной те́хникой.

Пётр очень интересовался морепла́ванием и торго́влей. В 1697 году он поехал в Голла́ндию, где он учился стро́ить корабли́. В 1698 году он был в А́нглии 4 ме́сяца. Здесь Пётр I изуча́л зако́ны Англии, посети́л Гри́нвич и О́ксфорд. Несколько раз он был в Германии, где изучал го́рное де́ло●.

Пётр I и многое сделал для разви́тия просвеще́ния● в России. По его ука́зу были со́зданы● Акаде́мия нау́к, наро́дные школы, инжене́рные и вое́нные учи́лища. Он пригла-ша́л специали́стов из других стран в Россию и посылал● молодых людей учиться в Англию, Голландию, Германию и другие стра́ны.

Почему А. С. Пушкин был прав, когда он сказал, что Пётр I проруби́л● окно в Европу?

Bergbau
Entwicklung des Bildungswesens
wurden gegründet
schickte
schlug auf

Анекдоты

Он не знал отве́тов

Отец спросил сына:

– Почему ты не сдал экзамен? Ты ведь● знал все вопросы ...

– Да, но я не знал ответов, – ответил сын.

Экзамен

Студент до́лжен сдать после́дний экзамен.

– Ты подгото́вился●? – спросил его отец.

– Да. Даже к са́мому плохо́му●.

hast du dich vorbereitet
auf das Schlimmste

Повторяем

Прочитайте правильно. 1

[с] или [з]?
с братьями, с Леной, с друзьями, с бабушкой, с родителями, с Таней, с деньгами

[из] или [ис]?
из деревень, из городов, из комнат, из музеев, из магазинов, из газет, из фильмов, кто из юношей

Переведите. Обратите внимание на свовосочетания с «по». 2

1. Вчера были соревнования **по** гимнастике.
2. Ира любит смотреть **по** телевизору французские фильмы.
3. **По** воскресеньям Катя и Таня часто ходят в дискотеку.
4. Маша любит ходить **по** магазинам.
5. У Бориса четвёрка **по** математике.
6. Девочки гуляли **по** Арбату.

Дополните. 3

маленький — большой	деревенскии — деревня	хорошо — плохо
неинтересный — ?	городской — ?	дорого — ?
старый — ?	почтовый — ?	интересно — ?
красивый — ?	московский — ?	мало — ?
лёгкий — ?	вечерний — ?	неправильно — ?
дорогой — ?	немецкий — ?	налево — ?

Что рассказал Борис? 4
Вставьте: часто, всегда, долго, целый день, утром, после обеда, вечером, потом.

Вчера я ... был у тёти и дяди в деревне. Там у меня хорошие друзья. ... мы завтракали в саду. ... мы с друзьями играли в футбол. ... мы ... купались в реке. ... мы были в клубе. Мы ... ходим в этот клуб. Там ... интересно.

По-русски на уроке 5

Wozu werdet ihr aufgefordert?

Прочитайте со словарём. Закончите предложения. Придумайте вопросы. Переведите текст. Разыграйте диалоги.

УРОК 10

das Datum angeben

Когда у тебя день рождения?

1

Ира: Сегодня двадцать восьмое **ию́ля**, а у тебя **тридца́того день рожде́ния**. Это уже послезавтра. Ты уже **поду́мала**, с кем мы будем **пра́здновать**?

Катрин: Нет ещё. Надо подумать. Давай **пригласи́м** Лену и Га́лю.

Ира: **Согла́сна.** И Вадима. С Вадимом всегда **ве́село**.

Катрин: Максим, конечно, тоже будет.

2

ме́сяцы	Когда? В каком месяце?	
янва́рь	в январе́	**начина́ется Новый год**
февра́ль	в феврале́	**карнава́л**
март	в ма́рте	**Па́сха, пасха́льные** каникулы
апре́ль	в апре́ле	
май	в ма́е	**Ма́йский** праздник; **Тро́ица**
ию́нь	в ию́не	**конча́ется** учебный год, начинаются **ле́тние** каникулы
ию́ль	в ию́ле	
а́вгуст	в а́вгусте	кончаются летние каникулы, начинается новый учебный год
сентя́брь	в сентябре́	
октя́брь	в октябре́	**осе́нние** каникулы
ноя́брь	в ноябре́	
дека́брь	в декабре́	**Рождество́**

3 **Поговорите по-русски.**

А: В каком месяце будет (будут) ...?
Б: В мае.

А: Когда у вас начинается (начинаются) ...?
Б: ...

А: В каком месяце вы будете праздновать ...?
Б: ...

das Datum angeben

Kardinalia:	оди́ннадцать	двена́дцать	…	два́дцать	двадцать один	
Ordinalia:	одиннадцат**ый**	двенадцат**ый**	…	двадца́т**ый**	двадцать перв**ый**	↗ Г 73

4

Datumsangabe 5

der 10. November — am 10. November

Как**ое** сегодня **число́**? — Как**ого** числ**а** (когда) у тебя день рождения?

Сегодня десят**ое** ноябр**я**. — Десят**ого** ноябр**я**. ↗ Г 93

Ответьте на вопросы. 6

– Какой сегодня день недели? Какое сегодня число?
– Какой день недели был вчера? Какое число было вчера (позавчера)?
– Какое число (какой день недели) будет завтра (послезавтра, в субботу, …)?

Прочитайте вслух. 7

Учебный год в школах России

В учебном году четыре че́тверти (Quartale):

Первая четверть	начинается	1/IX,	а кончается	3/XI.
Вторая четверть		12/XI,		29/XII.
Третья четверть		15/I,		23/III.
Четвёртая четверть		1/IV,		30/V.

Скажите, когда (какого числа) 8

– у вас начинаются (кончаются) каникулы,
– у вас (у мамы, папы, брата, сестры) день рождения.

So kann man nach dem Datum fragen:

– Какое сегодня число?
– Сегодня первое сентября.

– Какого числа (когда) в школах России начинается учебный год?
– Первого сентября.

10Б

Приглашение в гости

1

Максим: Здравствуй, Вадим!
Вадим: Максим, привет!
Максим: Вадим, ты же знаешь, что у нас **в гостя́х** Катрин из Германии. Послезавтра у неё день рождения. **Приходи́** к нам **в го́сти**.
Вадим: Спасибо за **приглаше́ние, с удово́льствием приду́.** А когда?
Максим: Ждём тебя в 5 часов.
Вадим: Согласен. **До встре́чи.**
Максим: **Договори́лись.**

2

прийти́ -е-/приходи́ть -и-		куда? в/на (mit A.)	в театр
			на концерт
я приду́	я прихожу́		в гости
ты придёшь	ты прихо́дишь	к кому?	к Борису, к Кате
(↗ идти)	(↗ ходить)		

пригласи́ть -и-/**приглаша́ть** -е-	кого? (A.)	Вадима
я приглашу́		Лену
ты пригласи́шь	куда? в/на (mit A.)	в театр
…		на концерт
		в гости

Сравните: пригласить — приглашать — приглашение

jemanden einladen

Поговорите друг с другом. 3

А: Приходи ко мне завтра, будем …
Б: Хорошо, приду. А когда?
А: …
Б: Согласен (согласна). До встречи.

А: Приходите ко мне завтра, будем …
Б: К сожалению, не можем.
А: Почему?
Б: Мы завтра пойдём в (на) …

играть в шахматы (в настольный теннис, с компьютером)
слушать музыку (кассеты)
смотреть телевизор (фильм)
вместе делать уроки

Прочитайте ещё раз разговор Максима с Вадимом. 4
Разыграйте диалог, придумайте варианты.

Bestimmt den Kasus der hervorgehobenen Personalpronomen mit Hilfe der Tabelle in Übung 6. 5

У Максима есть друг. *Его* зовут Вадим. *Ему* 15 лет. Максим уже давно дружит *с ним.* Максим пригласил *его* на день рождения Катрин. Вадим любит рок-музыку. *У него* есть хорошие кассеты. *С ним* всегда весело.

Deklination der Personalpronomen 6

N.	я	ты	он/о	она	мы	вы	они
G.	меня	тебя	(н)его	(н)её	нас	вас	(н)их
D.	мне	тебе	(н)ему	(н)ей	нам	вам	(н)им
A.	меня	тебя	(н)его	(н)её	нас	вас	(н)их
I.	мной	тобо́й	(н)им	(н)ей	на́ми	ва́ми	(н)и́ми
P.	обо мне	о тебе	о нём	о ней	о нас	о вас	о них

Beachtet den н-Einschub nach Präpositionen: у **н**его, с **н**ей, к **н**им, о **н**их, …

Ersetzt in Übung 5 Максим durch Ира, Вадим durch Лена. 7

8 Setzt die Personalpronomen ein.

Друзья пригласили Вадима в гости. Он позвонил … и сказал, что будет у … в 6 часов. Он любит ходить к … в гости. У … много пластинок и кассет. С … всегда весело.

9 Beantwortet die Fragen zum Bild. Setzt statt der Namen Personalpronomen ein.

Как *ребят* зовут? Сколько *Миле* лет? Сколько *Антону* лет?
Кто звонит *Антону и Миле*?
Куда приглашает Ира *Антона*? Когда Антон придёт к *Ире и Максиму*?

Мила комментирует рисунок. Напишите её предложения.

In diesem Buchstabensalat sind viele Wörter versteckt. Findet sie heraus.

М	Б	Р	О	Ж	Д	Е	С	Т	В	О	Й	З	Ь
А	Х	Т	В	П	Е	С	Н	Я	Ц	М	Ш	П	Х
Р	У	Р	К	А	Н	И	К	У	Л	Ы	К	Э	Б
Т	Г	И	Ю	Н	Ь	Х	П	О	Д	А	Р	О	К

jemanden einladen

Напишите приглашение и ответ. Придумайте варианты. 10

Напишите другу, что вы, к сожалению, не можете прийти. Объясните, почему. 11

Поговорите. 12

Пригласите друг друга (einander) в гости.
Скажите, где вы живёте (улица, номер дома, этаж, номер квартиры), на каком автобусе или трамвае к вам можно доехать.
Ответьте на приглашение. Скажите, что вы с удовольствием придёте (к сожалению, не можете прийти).
Договоритесь о времени.

So kann man jemanden einladen	Приходи(те) к нам в гости. Приглашаю тебя (вас) на день рождения.
und auf eine Einladung reagieren:	Спасибо за приглашение, с удовольствием приду. К сожалению, не могу прийти.

С днём рождения!

1

Вадим: Катрин, **поздравля́ю** тебя с днём рождения, **жела́ю** тебе **всего́ хоро́шего**! Это мой подарок тебе, книга о Москве.

Катрин: Какие красивые цветы! Спасибо тебе за цветы и за книгу.

Лена: Катрин, я тоже поздравляю тебя и желаю тебе **сча́стья, здоро́вья, успе́хов**! А это – **но́ты** русских песен **для** гитары.

Катрин: Большое спасибо, Лена.

Ира: Ребята, пожалуйста, к столу.

Максим: После ужина будут **та́нцы**. У меня есть новые кассеты.

Вадим: Вот это **здо́рово**!

Катрин: Дорогие друзья, спасибо вам **за** всё!

2

поздравлять	-е-	кого?	(A.) друга, подругу
		с чем?	(c mit I.) с **пра́здником**
желать	-е-	чего?	(G.) счастья
		кому?	(D.) Борису, Лене

3 **Поздравьте этих ребят. Скажите, чего вы им желаете.**

Борис – Новый год

Таня – день рождения

учительница (госпожа Мюллер) – праздник

4 **Schreibt eine Glückwunschkarte.**

So kann man gratulieren	Поздравляю тебя (вас) с днём рождения.
und Glückwünsche aussprechen:	Желаю тебе (вам) всего хорошего!

Тексты для чтения

Что я подарил Люсе

После уроков Лю́ся Сне́гова мне сказала:

– Завтра у меня день рождения, будет много друзей. Приходи! А подарка **дари́ть** не надо.

– Хорошо, – сказал я. – Приду.

Я реши́л купить подарок. Но какой? Дома я долго ходил по квартире и смотрел, что подарить, но ничего интересного не видел.

Может быть, книгу купить? Но я уже дарил Люсе книги. Я пошёл в магазин и купил ра́ка.

Вечером иду я с подарком на день рождения к Люсе и вдруг вижу: у дома стоит Фе́дя Тря́пкин и ждёт.

– У тебя есть подарок? – спросил он.

– Есть. У меня хороший подарок!

– А у меня нет подарка, – сказал Федя. – Давай скажем, что твой подарок мы вместе дарим?

– Давай.

– А что у тебя?

– У меня рак, – сказал я.

– Ой, – сказал Федя. – Это не подарок. Я лучше пойду с Мишей. Он хотел цветы купить.

У Люси на дне рождения было много цветов, а рак был только один.

Почему Федя хотел пойти с Мишей на день рождения Люси?

Сравните и переведите.

праздник, праздновать, празднование, праздничный стол
Москва, московское время; место, местное время

Празднование Нового года в России

В древней Руси́ до XV ве́ка Новый год отмечали 1 марта. Люди праздновали прихо́д весны́.
С 1492 года Новый год встреча́ли 1 сентября по гре́ческому календарю́. С 1700 года по ука́зу Петра́ I новый год начинается в России с 1 января. Только в конце́ XVIII века ста́ли украша́ть **ёлку**, много по́зже появи́лись Дед Моро́з и Снегу́рочка.
А как в наше время отмечают Новый год? Новый год можно встречать дома в кругу́ семьи, в ресторане, в большой дру́жеской компа́нии, можно даже в лесу под ёлкой у костра́.
Пра́зднование Нового года в семье име́ет свой ритуа́л. Внача́ле все собираются за пра́здничным столом. На столе гусь с яблоками, пироги с капустой, с мясом и другие вкусные блюда. Люди да́рят друг другу подарки. В 12 часов по радио бой часов московского Кремля. В это время открывают шампа́нское. Все встают и говорят: «С Новым годом! С новым счастьем!» Люди желают друг другу всего хорошего, здоровья, счастья, успехов в новом году. В разных местах России Новый год встречают сначала по местному времени, а потом ещё раз по московскому времени. Многие люди по традиции отмечают и «старый новый год» – это 13 января по новому календарю. Рождество в России отмечают 7 января.

im alten Rußland
den Frühlingsbeginn
kamen auf
im großen Freundeskreis
Glockenschlag der Uhr
Neujahrstag nach altem Kalender (in Rußland bis 1918 gültig)

Скажите, какого числа в России раньше начинался новый год?
Как сегодня в России празднуют Новый год?
Что такое «старый новый год»?

Повторяем

Прочитайте вслух. Обратите внимание на произношение [ж – ш – ч' – щ']. **1**

1. Вы получили приглашение на день рождения Маши? Ждём вас в четверг в шесть часов. До встречи.
2. Вечером на площади большое движение.

Спросите и ответьте. **2**

Используйте: заниматься – кататься – кончаться – называться – находиться – начинаться – нравиться – учиться

Как ... улица, где ты живёшь?
Где ... твоя школа?
В каком классе ты ...?
Чем вы ... после школы?
Когда у вас ... летние каникулы?
Ты любишь ... на велосипеде?
Тебе ... рок-музыка?

Setzt die in Klammern stehenden Wortgruppen in den erforderlichen Kasus (Singular und Plural). **3**

1. Аня часто звонит по телефону (хорошая подруга).
2. Ральф был в Москве у (русский друг).
3. Игорь дружит с (деревенский мальчик).
4. Ребята пригласили в клуб (иностранный гость).
5. Они говорили об (интересный фильм).

Nenne zu den Verben verwandte Substantive. **4**

завтракать – завтрак, обедать – ?, ужинать – ?, писать – ?, праздновать – ?, танцевать – ?, пригласить – ?, подарить – ?, дружить – ?, учить – ?

Welche Wendungen fordern zum Üben der Aussprache auf? **5**

Обращайте внимание на интонацию. Найдите в словаре значение этих слов. Запомните. Говорите правильно. Выучите эти слова. Закончите предложения. Составьте словосочетания.

УРОК 11

geographische Lage und Entfernungen angeben

У карты России

1

Контине́нты: **Евро́па** – **А́зия**.

Ча́сти све́та: **се́вер**, **се́верный** – **юг**, **ю́жный** – **за́пад**, **за́падный** – **восто́к**, **восто́чный**.

Регио́ны России: Европейская **часть** России – Западная **Сиби́рь** – Восточная Сибирь – **Да́льний** Восток.

Не́которые русские города: Москва – Санкт-Петербург – Смоленск – Росто́в-на-Дону́ – Волгогра́д – Ни́жний Но́вгород – Сама́ра – Екатеринбу́рг – Новосиби́рск – Ирку́тск – Владивосто́к.

Большие реки: Дон – Во́лга – Обь – Енисе́й – Ангара́ – Ле́на – Аму́р.

Некоторые **озёра**: озеро Байкал, Ла́дожское озеро.

Высо́кие го́ры: Кавка́з, Ура́л, Алта́й, Сая́ны.

2

Прочитайте и переведите.

Россия **располо́жена** на двух континентах, в Европе и Азии. **Грани́ца ме́жду** Европой и Азией **прохо́дит** по Уральским горам. От западной границы России до **Ти́хого океа́на** – 9 **ты́сяч киломе́тров**, от Му́рманска до **Чёрного мо́ря** – четыре тысячи.

В Россию **вхо́дят** европейская часть, Западная и Восточная Сибирь и Дальний Восток.

На **террито́рии** России одиннадцать часовы́х поясо́в*. Когда в Москве 10 часов, в Екатеринбурге 12 часов, в Иркутске 15 часов, а во Владивостоке 17 часов.

В России есть большие реки – Волга, Обь, Енисей, Лена, Амур; высокие горы – Кавказ, Урал, Алтай, Саяны, и большие озёра, **наприме́р**, озеро Байкал, Ладожское озеро.

На этой **огро́мной** территории живут 140 **миллио́нов** человек.

3

Посмотрите на карту России и скажите,

– какие города находятся на севере, на востоке, на юге, на западе **страны́**;
– какие большие реки и горы находятся в европейской части страны, в Западной Сибири, в Восточной Сибири и на Дальнем Востоке;
– по каким горам проходит граница между Европой и Азией;
– какое большое озеро находится в Сибири.

* Zeitzonen

geographische Lage und Entfernungen angeben

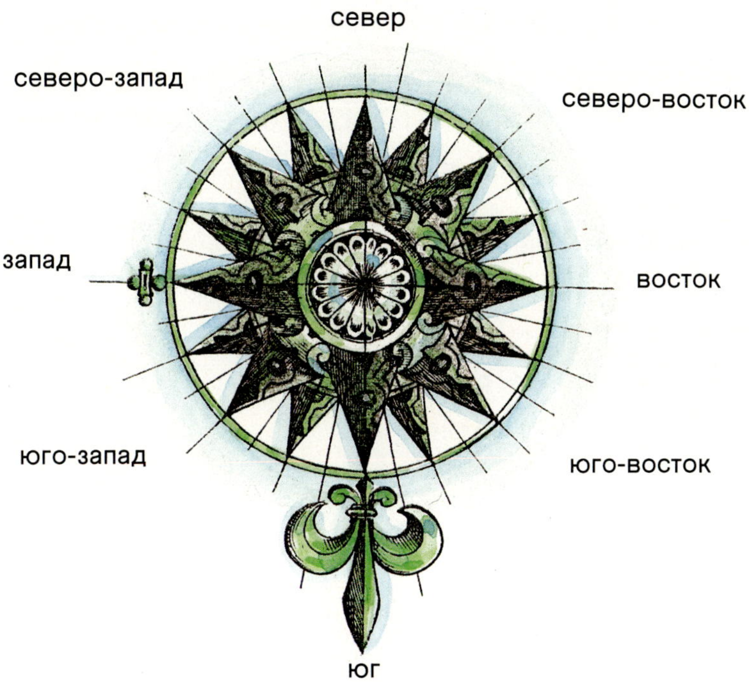

4

100	сто	500	**пятьсо́т**	1 000	тысяча
200	**две́сти**	600	**шестьсо́т**	2 000	две тысячи
300	**три́ста**	700	**семьсо́т**	5 000	пять тысяч
400	**четы́реста**	800	**восемьсо́т**	1 000 000	миллион
		900	**девятьсо́т**	2 000 000	два миллиона
				5 000 000	пять миллионов

Назовите длину рек. 5

Ⓜ **Длина́** Енисея – три тысячи четыреста восемьдесят семь километров.

Амур	2824 км	Дон	1870 км	Лена	4400 км	Ка́ма	1805 км
Ангара	1800 км	Ока́	1500 км	Волга	3530 км	Нева́	74 км

Сколько километров от … до …? 6

Ⓜ От Москвы до Санкт-Петербурга **приблизи́тельно** 700 километров.

Москва – Самара	1050 км	Москва – Берлин	1850 км
Москва – Смоленск	380 км	Москва – Париж	2960 км

geographische Lage und Entfernungen angeben

7 **Посмотрите на карту и скажите, на каких реках расположены эти города.**

(M) Смоленск расположен на Днепре́. Рязань расположен**а** на Оке.

Москва, Санкт-Петербург, Пермь *(f.)*, Самара, Казань *(f.)*, Красноя́рск, Яку́тск, Хаба́ровск.

8 **Скажите, сколько жителей в этих городах:**

Москва, Санкт-Петербург, Новосибирск, Владивосток.

9 **Как называются эти города, реки и горы?**

- Большая река на западе Германии.
- Большой город на севере Германии на реке Эльбе.
- Река на юге Европы. На ней расположены Ве́на, Бра́тислава, Будапе́шт.
- Го́ры в центре Германии. Здесь расположены красивые маленькие города: Вернигероде, Бланкенбург, Гослар.
- Река на востоке Германии. По ней проходит граница между Польшей и Германией.
- Большой город на Рейне. В нём находится знаменитый большой **собо́р**. Жители города очень любят карнавал.

10 **Расскажите по-русски.**

Сколько километров от западной до восточной границы Германии?
Какие большие реки и озёра есть в Германии?
Какие горы есть в Германии?
Какие большие города расположены на Рейне, на Эльбе, на О́дере и на **Дуна́е**?
Сколько человек живёт в Германии?
Где расположен ваш **родно́й** город?

So kann man

– nach der geographischen Lage fragen:	– Где находится Кёльн? – Он находится на западе Германии. Кёльн расположен на реке Рейн.
– nach Entfernungen fragen:	– Сколько километров от Берлина до Дрездена? – 170 км.

Geburtsdatum und -ort angeben

Я родилась в Москве

1

Ира: Смотри, Катрин, я получила открытку от тёти из Новгорода.

Катрин: Из Новгорода?

Ира: Да. Там живут наша тётя и другие **ро́дственники**. Моя мама из Новгорода. Она там **родила́сь**. Максим тоже там родился, а я родилась в Москве.

Катрин: Где находится Новгород? Расскажи мне о нём.

Ира: Новгород находится недалеко от Санкт-Петербурга. Это очень древний город. Он **осно́ван** в 859 году. Там много интересных **достопримеча́тельностей**. Я часто **е́зжу** в Новгород, особенно летом, **во вре́мя** каникул. Например, в **про́шлом** году мы ездили **туда́** с Максимом.

Катрин: Покажи мне открытку.

Ира: Пожалуйста. Я могу показать тебе альбом с фотографиями знаменитых **архитекту́рных** памятников Новгорода. Хочешь посмотреть?

Катрин: Конечно, хочу.

Сравните.

2

Ира и Максим *едут* в Новгород.

Они часто *ездят* в Новгород летом.

Ира и Максим *ездили* в Новгород
= Ира и Максим были в Новгороде.

↗ Г 19–21

	ездить -и-		
я	е**зж**у	мы	ездим
ты	ездишь	вы	ездите
он(а)	ездит	они	ездят

3

куда? (А.) в город
в деревню
на море

4 **Как правильно: ехать или ездить?**

Летом Ира и Максим ... в Новгород. Туда они пять часов ... на машине с папой, а оттуда – на автобусе.

– Куда ты ... вчера вечером, Лида?
– Вчера я ... с родителями в гости к друзьям. Когда мы ... туда, я встретила в автобусе Бориса.

В метро
– Куда ты ...?
– В гости к бабушке. Я всегда ... к бабушке по воскресеньям.

5 **Ответьте на вопросы.**

1. Куда вы ездили во время каникул?
2. Вы уже ездили в Берлин?
3. Когда вы туда ездили?
4. С кем вы туда ездили?

Замените слово «ездить (куда?)» словом «быть (где?)».

Ⓜ Ира и Максим ездили в Новгород. –
Ира и Максим были в Новгороде.

6

сорок	–	**сорокoво́й**
пятьдесят	–	**пятидеся́тый**
шестьдесят	–	**шестидеся́тый**
семьдесят	–	**семидеся́тый**
восемьдесят	–	**восьмидеся́тый**
девяносто	–	**девяно́стый**
сто	–	**со́тый**

↗ Г 72

7

В как**ом** год**у**?
In welchem Jahr?

в 1994 году (в mit P.)
(**в** тысяча девятьсот девяносто четвёр**том** год**у**)

Как**ого** числ**а** (год**а**)?
An welchem Tag (des Jahres)?

4 марта 1994 года (G.)
(... тысяча девятьсот девяносто четвёр**того** год**а**)

↗ Г 94; 95

Geburtsdatum und -ort angeben

Прочитайте вслух. 8

Когда?
в 1989 году, в 1890 году, в 1971 году, в 1968 г., в 1954 г., в 1960 г., в 1970 г.
10 марта 1955 года, 12 февраля 1970 года, 25. 5. 1945 г., 31. 12. 1990 г., 1. 1. 1993 г.

Прочитайте, когда были основаны эти города. 9

Ⓜ Санкт-Петербург был основан в 1703 году.
Москв**а** была основан**а** в 1147 году.

Новгород – 859 г., Иркутск – 1661 г., Смоленск – 863 г., Самара – 1586 г.

Поговорите по-русски. 10

Борис: Нина, когда ты родилась?
Нина: Я родилась 22. 4. 1980 года в Смоленске. А ты?
Борис: Я родился 9.5.1982 года в Новосибирске, а мои сёстры родились в 1987 году в Москве. Они близнецы.

Посмотрите на портреты некоторых знаменитых русских писáтелей, компози́торов и художников. 11
Скажите, когда они родились и **ýмерли** (он ýмер, она умерлá).

Русский учёный
Михаи́л Васи́льевич Ломонóсов
(8.11.1711–4.4.1765)

Русский писатель
Лев Николáевич Толстóй
(28. 8. 1828–7. 11. 1910)

Русский композитор
Пётр Ильи́ч Чайкóвский
(25.4.1840–25.10.1893)

Geburtsdatum und -ort angeben

Русский художник
Илья́ Ефи́мович Ре́пин
(24.7.1844–29.9.1930)

Русский матема́тик
Со́фья Васи́льевна Ковале́вская
(3.1.1850–29.1.1891)

Русский писатель
Анто́н Па́влович Че́хов
(17.1.1860–2.7.1904)

12 **Расскажите о городе, где вы живёте (где вы родились).**

Это большой или маленький город, или это деревня?
Как называется ваш город или другой большой город недалеко от вас?
В каком году он был основан?
Какие знаменитые люди жили в вашем городе?
Вы знаете, когда они родились (умерли)?
Какие достопримечательности есть в вашем городе?
Вы иногда ездите в город (в деревню), где вы родились?

So kann man Geburtsdatum und -ort angeben:	– Когда и где ты родился (родилась)? – Пятого мая тысяча девятьсот восьмидесятого года в Берлине.
So kann man Jahreszahlen angeben:	– Когда был основан ваш город? – В восемьсот девяносто пятом году.

Тексты для чтения

Новгород

Древний русский город Новгород был основан в 859 году. Он расположен на реке Во́лхов, на юго-востоке от Санкт-Петербурга.

В XI–XV веках Новгород был одним из са́мых больших городов Европы. Через него проходил знаменитый торго́вый путь «из варя́г в гре́ки». Новгородские купцы́ торгова́ли с ганзе́йскими городами, с Да́нией, Шве́цией, Фра́нцией и с восто́чными странами.

В 1242 году новгородская дружи́на (армия) кня́зя Алекса́ндра Не́вского победи́ла немецких ры́царей на Чудско́м озере.

Новгород – это город-музей. Здесь есть замеча́тельные памятники архитектуры: Софи́йский собор, церкви с прекра́сными фре́сками, кремль и другие исторические здания. Осо́бая достопримеча́тельность Новгорода – памятник «Тысячеле́тие России».

Handelsweg von Skandinavien nach Griechenland
mit den Hansestädten
Ritter
auf dem Peipussee

Что вы узнали об истории Новгорода?
Почему Новгород называют городом-музеем?

Новгород – один из древних русских городов

А. Т. Твардовский (1910–1971)

Поклóн мой лесам,
И долúнам и вóдам,
Местам незабвéнным,
Откуда я родом.

Где жизнь началась,
Берёза цвелá,
Где сáмая первая
Юность прошлá ...

Родная страна!
Признаю́, понимаю:
Есть много других,
Кроме этого края.

И он для меня
На равнúне твоей
Не лучше не хýже,
А только милéй.

1938 г.

Берёзка

Мальчик Димка с родителями живёт в лесу●. Отец Димки – лесник●. От дома до деревни, где находится школа, надо идти четыре километра.

Однажды Димка шёл из школы домой. У дороги● стояла белая берёзка. Вдруг Димка увидел, как около берёзки остановилась● машина. Машина не могла ехать дальше, потому что на дороге была большая яма●. Из машины вышел шофёр с топором и пошёл к берёзке.

Димка сказал шофёру:

– Дядя! Не руби● берёзку.

Шофёр посмотрел на Димку.

– Что тебе, мальчик? – спросил он.

– Дядя, не руби берёзку. Она маленькая.

– Вижу, что она маленькая, – сказал шофёр. – А что делать? Видишь – яма. Надо что-нибудь под колёса положить●

– Здесь недалеко есть камни●. Я сейчас принесу.

... Димка побежал за камнями.

Шофёр пошёл за ним. Вместе они носили● камни, бросали● их под колёса.

И вот можно ехать. Шофёр сел в машину.

– Тебе куда? – спросил он у Димки.

– Мне к лесу.

– Ну, садись. Поедем.

Быстро едет машина. Вот и лес. Шофёр остановился.

– Ну, до свидания, – сказал шофёр. – Спасибо тебе, мальчик.

лесу – Wald
лесник – Forstaufseher
У дороги – am Weg
остановилась – hat angehalten
яма – Grube
руби – holze ab
под колёса положить – unter die Räder legen
камни – Steine
носили – schleppten
бросали – warfen

Повторяем

Прочитайте правильно. Обратите внимание на ударение. 1

– комната, молоко, господин, остановка, море, надо, почта, окно;
– в доме, сидеть дома, ехать домой, старые дома; новый город, большие города; говорить хорошо, хороший подарок; гости, много гостей.

Дополните предложения. 2

1. Где находится остановка (пятый автобус)? – Идите прямо до (первая улица слева). Остановка находится рядом с (новая гостиница).
2. Сколько остановок ещё до (городская библиотека)? – Три (остановка). Библиотека находится у (старый кинотеатр).
3. Соревнования завтра будут на (большой стадион)? – Нет, на (маленький стадион) рядом с (городской парк).
4. Вы учитесь в (девятый класс)? – Нет, мы учимся в (восьмой класс).

Переведите. 3

1. In der 8. Klasse sind 14 Mädchen und 12 Jungen.
2. Unser Lehrer war 6 Monate in Moskau.
3. Im Stadtzentrum gibt es viele Geschäfte und Hotels.
4. Diese Tasche kostet 30 Rubel.
5. Gestern habe ich einige Bücher und Zeitschriften gekauft.

По-русски на уроке 4

Wie kannst du ausdrücken, daß du eine Frage nicht verstanden hast? Nenne die richtige Wendung.

– Прочитайте текст вслух.
– Придумайте другие вопросы.
– Повторите, пожалуйста, вопрос.
– Прослушайте этот текст ещё раз.

УРОК 12

sagen, wofür man sich interessiert

Чем ты интересуешься?

1

Антон: Ира, я хочу пойти на рок-концерт в субботу. Давай пойдём вместе.

Ира: Хорошо, Антон, согласна. Но у меня в гостях подруга из Германии. Она тоже **увлека́ется совреме́нной** музыкой. **Наве́рно**, она с удовольствием пойдёт с нами. И Максим, конечно, тоже.

Антон: Разве Максим **интересу́ется** современной музыкой? **По-мо́ему,** его **хо́бби – те́хника** и фотография.

Ира: Это правильно. Он любит **мастери́ть** и **фотографи́ровать**, но **кро́ме того́**, он часто ходит и на рок-концерты.

Антон: Тогда пойдём все вместе. А что мы будем делать после концерта? **Мо́жет быть**, пойдём танцевать? **Ка́жется**, в субботу в клубе будет дискотека.

Ира: Прекрасно! Когда и где мы **встре́тимся**?

Антон: Буду ждать вас у остановки пятого трамвая в шесть часов вечера.

Ира: Договорились, до встречи.

2

(с)фотографир**ова**ть -е-

я	фотографир у ю
ты	фотографир у ешь
он	фотографир у ет
мы	фотографир у ем
вы	фотографир у ете
они	фотографир у ют

что? (А.) памятник, улицу
кого? (А.) друга, подругу

Prät.: фотографировал, -а; -и

↗ Г 28

ebenso:
праздновать, рисовать, интересоваться, **путеше́ствовать,** пробовать, танцевать (танцу́ю, танцу́ешь)

3

Говорите правильно.

фотографировать:	я фотографирую, ты фотографируешь;
путешествовать:	я путешествую, ты путешествуешь;
танцевать:	я танцую, ты танцуешь;
интересоваться:	я интересуюсь, ты интересуешься;
пра**здн**овать [зн]:	я праздную, ты празднуешь

sagen, wofür man sich interessiert

4

Сравните, запомните.

увлекаться uv. интересоваться uv.	чем? (I.) спортом, современной музыкой	– **увлечéние** – **интерéс**
встретиться/**встречáться** танцевать uv.	с кем? с (mit I.) с другом, с подругой	– **встрéча** – **тáнец,** Pl. танцы
сфотографировать/фото-графировать		– фотография
работать uv.		– **рабóта**
путешествовать uv.		– **путешéствие**

5

Как вы думаете, какие интересы и увлечения у Нины и у Бориса.

музыка,	машина,	По-моему, он(а) …
фотография,	история,	Мне кажется, что он(а) …
танцы, теннис,	физика, спорт,	Наверно, он(а) …
книги, техника	компьютер	Я думаю, что он(а) … и, кроме того, …

6

Расскажите о ваших увлечениях и интересах.

Вы можете использовать эти или другие слова и выражения:

Мои интересы, увлечения	Я люблю	Я собираю
современная музыка	играть в (теннис)	кассеты с рок-музыкой
поп-музыка	играть на (гитаре)	марки
компью́терная техника	танцевать	открытки
встречи с юношами и девушками из других стран	кататься на (велосипеде)	рецепты
	фотографировать	книги
	слушать музыку	пластинки
фотография	смотреть телевизор	диски
физика	читать	фотографии
иностранные языки	рисовать	
химия	заниматься спортом	
работа в саду	готовить	
путешествия	путешествовать	

Ⓜ Я увлекаюсь теннисом. Уже три года я хожу на тренировки и часто смотрю соревнования по теннису по телевизору. Кроме того, я интересуюсь современной музыкой и люблю ходить на рок-концерты.
Моя сестра собирает открытки, но мне не нравится это хобби.
Я собираю книги и пластинки.

7

Deklination der Possessivpronomen

	Singular		Plural	
m.	n.	f.		
мой	моё	моя́	мои́	
моего́		мое́й	мои́х	
моему́		мое́й	мои́м	
wie N./G.	моё	мою́	wie N./G.	
мои́м		мое́й	мои́ми	
(о) моём		(о) мое́й	(о) мои́х	↗ Г 62; 63

ebenso:
твой, твоя, твоё; твои

entsprechend:
наш, наша, наше; наши (beachte A.Sg.f.: нашу)
ваш, ваша, ваше; ваши (beachte A.Sg.f.: вашу)

8

Ответьте на вопросы. Используйте

мой (твой, ваш) друг, брат, ... моя (твоя, ваша) подруга, ...
мои (твои, ваши) родители, друзья, ...

Нина, ты не знаешь, у кого моя книга?
Борис, кому Виктор написал письмо?
Кого Нина видела на танцах?
С кем Игорь встретился в Москве?
О ком Таня говорила с Ирой?

Наверно, он(а) ...
Мне кажется, ...
По-моему, ...
Я думаю, ...
Не знаю, может быть, ...

9

Расскажите о ваших друзьях.

У тебя есть друг (подруга, друзья)? Как его (её, их) зовут?
Ты часто видишь твоих друзей?
Сколько лет ты уже дружишь с ними? Ты часто ходишь в гости к твоему другу (к твоей подруге, к твоим друзьям)? Какие у него (у неё, у них) интересы? Что ты ещё можешь сказать о твоих друзьях?

10

Поговорите друг с другом о ваших увлечениях и интересах.

So kann man nach Interessen und Vorlieben fragen:

– Чем ты интересуешься (увлекаешься)?
– Я интересуюсь компьютерной техникой и увлекаюсь современными танцами.
– Моё хобби – фотография.

sagen, mit wem man befreundet ist

Почему вы дружите?

Галя: Ира, **ра́ньше** ты дружила с Леной, а теперь **бо́льше** не дружишь. По-моему, у вас много **о́бщих** интересов.

Ира: Это **пра́вда.** Но она **сли́шком** много **болта́ет**.

Галя: Болтает?

Ира: Да. Она **всем расска́зывает**, что я влюблена в Антона.

Галя: Разве это так?

Ира: Нет, конечно. **Про́сто** Антон **до́брый**, он всегда помогает ребятам, хорошо танцует, у него много увлечений и интересов. По-моему, он очень много знает. С ним можно говорить **обо всём**. А как **по-тво́ему**?

Галя: Я с тобой согласна. А мне очень нравится Вадим. Он **серьёзный** и весёлый, увлекается компьютерной техникой, прекрасно знает математику и **отли́чно** играет на гитаре. **На него́** всегда можно **положи́ться**.

1

рассказа́ть/расска́зывать -е- | о ком? о чём? (o mit P.) о друге, о школе

я расскажу́ | кому? (D.) другу, подруге

ты расска́жешь

2

3 **Сравните.**

Какой?	Как? ↗ Г 60
хороший	хорошо (фотографировать)
плохо́й	плохо (рисовать)
красивый	**краси́во** (танцевать)
весёлый	весело (праздновать)
интересный	интересно (рассказывать)
серьёзный	**серьёзно** (заниматься)
отли́чный	отлично (петь)
стара́тельный	**стара́тельно** (учиться)
прямо́й	прямо (идти)

Вова старательно учится.
Он старательный (... ist fleißig).

Катя весело болтает.
Она весёлая (... ist lustig).

4 **Говорите правильно.**

[ə] пло́х**о**, краси́в**о**, ве́сел**о**, интере́сн**о**, серьёзн**о**, отли́чн**о**, стара́тельн**о**, пря́м**о**

5 **Найдите в тексте, прочитайте вслух и переведите,**

– что Ира рассказывает об Антоне и о Лене,
– что Галя рассказывает о Вадиме.

6 **Как правильно?**

хороший или хорошо?
– Антон ... учится?
– Не очень. Может быть, он слишком увлекается рок-музыкой и мало занимается. У него не особенно ... отметки.

старательный или старательно?
– Лида всегда очень ... делает уроки.
– По-моему, она слишком ...

серьёзный или серьёзно?
– Мне кажется, Вадим – добрый и ... человек. Он не любит болтать, на него всегда можно положиться.

прямой или прямо?
– Вчера Катя сказала мне ... в глаза, что ей не нравится, как я танцую. Она всегда говорит, что она очень ... человек.
– Я думаю, она слишком ...

jemanden nach seiner Meinung fragen, eine Vermutung äußern

Прочитайте. О ком можно сказать, что он(а) **7**

- хороший учитель (хорошая учительница)?
- любит жить весело?
- очень интересный человек?
- не очень старательный (старательная)?
- очень добрый (добрая)?

Начните так: По-моему (я думаю, мне кажется), ... – серьёзный человек.

Антон всё понимает, с ним можно обо всём говорить, на него можно положиться, он всегда старается всем помогать.
Зоя любит танцевать, прекрасно поёт и играет на гитаре, часто ходит в кино и в дискотеку.
Олег не любит сидеть за учебниками, не всегда делает уроки, много времени смотрит телевизор, больше болтает, чем занимается.
У Володи много интересов и увлечений, он прекрасно умеет рассказывать, отлично рисует, хорошо играет на гитаре, с ним всегда весело.
Госпожа Шмидт много видела, была в разных странах, очень любит историю, на уроках у неё всегда интересно.

Расскажите коротко о человеке, которого вы хорошо знаете. **8**
Используйте упражнение 7.

Расскажите о ваших друзьях (о вашем друге или подруге). **9**

Вы уже давно дружите? Что тебе в нём (в ней) особенно нравится? Как ты думаешь, на него (на неё) можно положиться? У вас много общих интересов и увлечений? Какие это интересы? Как по-твоему, что он(а) умеет делать лучше, чем ты? Что вы любите делать вместе?
С кем вы дружили раньше, а теперь не дружите? Почему?

So kann man jemanden nach seiner Meinung fragen:	– Как ты думаешь (вы думаете), Борис – хороший друг? – Как по-твоему (по-вашему), это хорошая музыка?
So kann man eine Vermutung äußern:	– Я думаю, (что) ... – Мне кажется, (что) ... – По-моему, ... – Может быть, ... – Наверно, ...

Тексты для чтения

Хобби шахматистов

Анатолий Карпов увлекается филатели́ей. Он собирает почтовые марки. Это для него больше, чем о́тдых. Карпов говорит: «Мне кажется, моё хобби помогает мне лучше играть в шахматы».

Мать Гарри Каспарова рассказывает: «Гарри очень много читает. Особенно любит Ле́рмонтова и Фейхтва́нгера. Кроме того, любит заниматься спортом. Хорошо бе́гает, пры́гает в высоту́•, любит футбол и сам играет неплохо».

• прыгает в высоту — macht Hochsprung

Переведите.

го́лос – die Stimme; пти́ца – der Vogel
говорить мужски́м голосом (ср. мужчина),
говорить же́нским голосом (ср. женщина)
Птица умеет говорить моим голосом.

Поговори со мной, птица!

Учить птиц говорить – это хобби пенсионе́ра Алекса́ндра Ива́новича Бату́ева. В его квартире целый дома́шний зоопарк: попугай, соро́ка, скворе́ц ...

Вот что рассказывает Александр Иванович:

Мой попугай Жако может говорить женским и мужским голосом. Когда звонит телефон, он кричи́т моим голосом: «Алло. Я вас слушаю». Сорока Петька тоже говорит моим голосом: «Петька, Петька, ты же со́лнышко»• и голосом моей жены: «Саша, Саша, что мне делать?»

Другая птица – её зовут Чика – умеет смеяться.

У скворца Чапы есть любимая мелодия из кинофильма «Любовь и мода». Когда он слышит эту мелодию, он танцует. А когда скворец слышит другие мелодии, он не танцует. Чапа любит болтать. Он болтает со мной, с моей женой, с моими внуками ... А когда он один, он говорит сам с собой•: «Ну, что будем делать, Чапа?»

А попугай Куконя знает 200 слов! Он даже играл в кино. Во время съёмок• фильма он начал кричать из клетки: «Устал, ой, как я устал!»

• солнышко — Sonnenschein
• сам с собой — mit sich selbst
• во время съёмок — während der Aufnahmen

Что умеют делать птицы Александра Ивановича Батуева?

Повторяем

Говорите правильно. 1

[ат] или [ад]?
недалеко **от**‿гостиницы, **от**‿остановки, **от**‿почты, **от**‿города
[с] или [з]?
рядом **с**‿домом, **с**‿улицей, **с**‿магазином, **с**‿деревней, **с**‿городом, **с**‿таксофоном

От неё или от него? С ней или с ним? 2

Ersetzt in Übung 1 Substantive durch Personalpronomen.
недалеко **от гостиницы** – недалеко **от неё**

Переведите, что человек на улице спросил прохожих и что они ответили ему. 3

– Скажите, пожалуйста, где находится кинотеатр?
– Идите прямо, сверните налево, на улицу Пушкина. На ней находится кинотеатр.

– Извините, вы не знаете, как дойти до магазина «Цветы»?
– Видите остановку автобуса на другой стороне улицы? Рядом с ней магазин «Цветы».

– Скажите, пожалуйста, где находится гостиница «Турист»?
– Она находится в центре города. Вы можете доехать до неё на пятом автобусе.

– Недалеко отсюда есть стоянка такси?
– Да. Видите здание гостиницы? Напротив него стоянка такси.

Ответьте на вопросы к упражнению 3. 4

Что находится на улице Пушкина? – На ней находится кинотеатр.
Что находится рядом с остановкой автобуса? – Рядом с ...
Как прохожий может доехать до гостиницы «Турист»? – До ...
Что находится напротив здания гостиницы? – Напротив ...

По-русски на уроке 5

Что сказал учитель?

Переведите на русский язык. Используйте новые слова и словосочетания.
Послушайте и повторите. Обращайте внимание на ударение.
Найдите в словаре значение этих слов.
Закончите предложения. Придумайте другие варианты.
Расскажите о городе, где вы родились.
Напишите друг другу приглашение на день рождения.

УРОК 13

Zugehörigkeit zu einer dritten Person ausdrücken

В гостях у бабушки и дедушки

1

Бабушка и дедушка Иры и Максима живут в небольшой деревне.
Рядом с деревней большой **сосно́вый лес**, отсюда и **назва́ние** деревни – Сосно́вка.
Бабушку Иры и Максима зовут Евдоки́я Ива́новна, а **их** дедушку – Его́р Кузьми́ч.
Они живут в маленьком **деревя́нном** доме с большим садом и **огоро́дом**. В их саду **расту́т фру́кты** и **я́годы**, а в огороде – **о́вощи**.
Евдокия Ивановна и Егор Кузьмич много работают в **своём** саду. Овощи и фрукты они продают в городе на **ры́нке**. Работать в огороде бабушке и дедушке нелегко. Им помогают Ира и Максим и их родители. Они часто ездят в Сосновку. После работы Ира и Максим любят ходить в лес, на реку и на озеро.
Евдокия Ивановна хорошо готовит. **Её** варенье и пирожки любит вся семья. Егор Кузьмич в свободное время любит ходить на **охо́ту** со своей собакой Бимкой. Бимка очень любит своего **хозя́ина**. Когда Егор Кузьмич работает, Бимка всегда сидит или лежит рядом.

2 **Переведите и сравните.**

Деревня называется Сосновка.	Название деревни – Сосновка.
Девочку зовут Маша.	Имя девочки – Маша.

3 **Что вы узнали из текста о бабушке и дедушке Иры и Максима? Найдите соответствующие предложения, прочитайте вслух и переведите их.**

4

расти́ uv.
он растёт
они расту́т
Prät.:
рос (росла́, росли́)

Что растёт в саду, в огороде, в лесу? Ⓐ

фрукты:	ягоды:	цветы:	овощи:	**дере́вья**:
я́блоки	мали́на	а́стры	карто́шка	дуб
гру́ши	сморо́дина	ла́ндыши	лук	берёза
сли́вы	крыжо́вник	гвозди́ки	огурцы́	сосна́
ви́шня	клубни́ка	ро́зы	помидо́ры	ель (ёлка)

Zugehörigkeit zu einer dritten Person ausdrücken

Скажите, у ваших родителей, друзей или родственников есть сад или огород? Что там растёт? Какие фрукты, овощи и цветы вы особенно любите? 5

Как вы думаете, от каких слов произошли (sind abgeleitet) названия этих деревень?

Ви́шенка, Вишняки́, Мали́новка, Лесны́е Цветы́, Берёзово, Берёзовка, Березняки́, Дубо́вка, Ду́бово, Подду́бники, Сосно́вка

Переведите. 6

Ира – сестра Максима. Ира его сестра.

Максим – брат Иры. Максим её брат.

Катрин – немецкая подруга Максима и Иры. Катрин их подруга.

Максим был в деревне со своей сестрой.

Ира была в деревне со своим братом.

Катрин была в деревне со своими друзьями.

Possessivpronomen der 3. Person 7

↗ Г 64; 65

Unveränderliche Formen			Deklinierte Formen von	
его	sein(e)	für ein Maskulinum	свой	sein(e), ihr(e)
её	ihr(e)	für ein Femininum	своя	
их	ihr(e)	für ein Substantiv im Pl. oder für mehrere Substantive	свои	

beziehen sich nicht auf das Subjekt desselben Satzes.

beziehen sich auf das Subjekt desselben Satzes.

Говорите правильно. 8

со‿свои́м‿дру́гом, со‿свои́м‿бра́том, со‿свои́м‿де́душкой
со‿свое́й‿подру́гой, со‿свое́й‿сестро́й, со‿свое́й‿ба́бушкой
со‿свои́ми‿роди́телями, со‿свои́ми‿ба́бушкой‿и‿де́душкой
с‿его́‿сестро́й, с‿её‿бра́том, с‿их‿друзья́ми

Zugehörigkeit zu einer dritten Person ausdrücken

9 **Переведите.**

У Иры и Максима в деревне есть друзья – Клава и Митя. Ира часто рассказывала Катрин о них и об их деревне. Катрин очень понравилась Клава, и она сфотографировала её рядом с её домом. Митя тоже хотел получить фотографию, и Катрин сфотографировала его с его собакой Жучкой.

10 **Его, её, их?**

Бабушка и дедушка Иры и Максима живут в деревне. ... деревня называется Сосновка. Бабушка Евдокия Ивановна хорошо готовит. Ира и Максим очень любят ... пирожки. Дедушку Иры и Максима зовут Егор Кузьмич, а ... собаку зовут Бимка.

11 **Кто с кем был в деревне?**

Ира была в деревне ... братом, ... родителями и ... подругой Катрин.
Максим был в деревне ... сестрой, ... подругой и ... родителями.
Катрин была в деревне ... подругой Ирой, ... братом Максимом и ... родителями.

12 **Расскажите по-русски о бабушке и дедушке Максима и Иры и об их деревне.**

13 **У вас есть родственники или друзья в деревне? Расскажите о них.**

Юмор

Мать ругáет близнецов:
– Ведь я же сказала,
чтобы вы до обеда
не ели свои шоколáдки.
– А мы не ели свои:
он ел мою
шоколадку,
а я – его.

So kann man die Zugehörigkeit zu einer dritten Person ausdrücken:

– Твои родители дома?
– Нет, они сейчас у своих друзей. Их друзья живут в деревне.

über Jahreszeiten sprechen

Какое время года лучше?

1

Клава: Ну, как тебе нравится в деревне, Катрин?

Катрин: Очень нравится. Здесь мне **так** интересно. Хорошо, что я **приéхала** летом. **Погóда** хорошая, **жáрко**. Можно купаться, **загорáть**. Особенно мне нравится кататься по озеру на лодке ...

Максим: **Тóчно**, и ловить рыбу ...

Митя: Да, **веснóй** и летом у нас здесь очень хорошо. А **зимóй** ещё лучше. **Обязáтельно приезжáй** к нам зимой. Здесь всегда лежит **снег**, можно кататься на **лы́жах** и на **сáнках**. Очень вéсело зимой играть в **снежки́**. Я люблю зиму.

Ира: А моё любимое время года – **óсень**. Особенно краси́во **óсенью** в лесу, как на **карти́нах** художника Левитáна.

Максим: Осень? **Ну, что ты!** Осенью **хóлодно**, часто идёт **дождь**. Только в доме **теплó**. Очень **скýчно** в осенние дни сидеть дома. Осенью я всегда жду, когда **наконéц** начнётся зима.

Говорите правильно. 2

[ə̯] интерéсн**о**, вéсел**о**, жáрк**о**, хóлодн**о**, краси́в**о**, скýчн**о**, тóчн**о**

Сравните и запомните. 3

что?	когда?	какой?
веснá	весной	**весéнний**
лéто	летом	летний
осень	осенью	осенний
зима	зимой	**зи́мний**

Назовите весенние, летние, осенние и зимние месяцы. 4

Скажите,
когда начинается и кончается весна (лето, осень, зима),
когда у вас начинаются и кончаются летние каникулы,
что можно делать зимой и летом и что вы особенно любите делать?

5

	прие́хать v. -е-	
я	прие́ду	Imperativ:
ты	прие́дешь	приезжа́й(те)

6

Разыграйте диалоги. Придумайте варианты.

А: Приезжай летом к нам в Берлин, Борис. Мы будем ждать тебя в июле или в августе.
Б: Большое спасибо. Обязательно приеду.
А: А когда?
Б: Ещё точно не знаю. Я вам позвоню.
А: Договорились.

7

Сегодня		холодно.
Heute	ist es	kalt.

Мне		холодно.
Mir	ist	kalt (ich friere).

↗ Г 80

Зимой было (будет) холодно.

Максиму было (будет) скучно.

8

Сравните.

какой:	**холо́дный**	**тёплый**	**жа́ркий**	весёлый	интересный	**ску́чный**	лёгкий
как:	холодно	тепло	жарко	весело	интересно	скучно	легко

Сегодня холодный день.
Сегодня холодно.

Это скучная книга.
Ире скучно.

9

Переведите.

1. Осенью долго шёл дождь. Было холодно. Клава всё время сидела дома. Дома было тепло, но Клаве было скучно.
2. Сейчас лето. Летом жарко, ребята купаются и катаются на лодке. Им весело. Катрин интересно смотреть, как Максим ловит рыбу.
3. Работать в огороде нелегко, поэтому все помогают бабушке и дедушке.

10

Кому весело – скучно, интересно – неинтересно, холодно – тепло?

1. В дискотеке все ребята танцевали, им было весело. Только Аня не танцевала, ...
2. Нина любит деревню. В деревне ... А Вера не любит деревню, в деревне ...
3. Сегодня холодно. Ребята на улице играют в футбол, ... Борис стоит и смотрит, как они играют. ...

einen Zustand ausdrücken

Посмотрите на рисунки и скажите, кому холодно (жарко, тепло). Кому весело (скучно, интересно, неинтересно)? 11

Антон Борис Нина Ира Денис

Поговорите по-русски. 12

Максим не любит осень. Осенью плохая погода, ему скучно. А какое время года вы любите (не любите) и почему?
Митя говорит, что зимой в Сосновке всегда лежит снег. В Берлине зимой часто идёт дождь. А у вас?

А. С. Пушкин
Осень

Уны́лая пора́! оче́й
очарова́нье!
Прия́тна мне твоя́ проща́льная
краса́ –
Люблю́ я пы́шное приро́ды
увяда́нье,
В багре́ц и в зо́лото оде́тые
леса́ …

O wehmütige Zeit, dem Auge ein
Berücken!
Ich lieb' das prunkvolle Verwelken
der Natur,
Voll Andacht schaue ich dein
abschiedliches Schmücken –
In Purpur und in Gold den Wald auf
freier Flur, …

So kann man einen Zustand ausdrücken:

– Сегодня холодно?
– Да, очень холодно.

– Тебе холодно?
– Нет, мне тепло.

О погоде

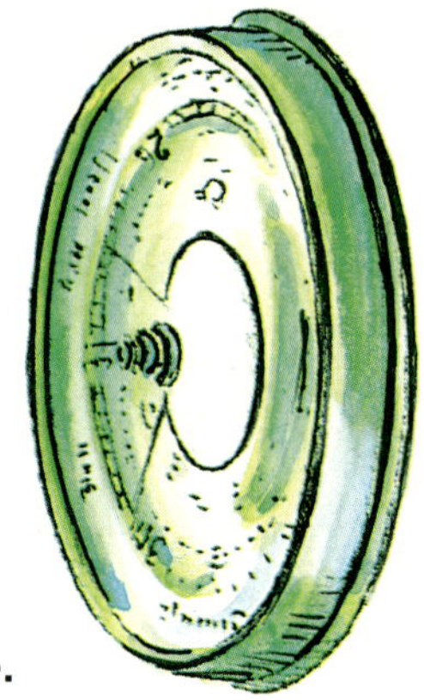

1

Максим: Завтра мы с дедушкой пойдём на охоту. Ты **слы́шала** по радио **прогно́з** погоды на завтра, Ира?
Ира: Слышала. Сегодня **но́чью** будет **гроза́** и **си́льный** дождь. А завтра дождя не будет. **Температу́ра во́здуха** днём 20–23 **гра́дуса**, **сла́бый ве́тер**.
Максим: Спасибо, Ира. Значит, можно идти на охоту!

2 **Переведите.**

погода: жаркая; ожидается (ср. ждать) тёплая погода
ветер: слабый, поры́вистый
дождь: небольшой; кратковре́менные дожди
оса́дки: сильные; без осадков
моро́з: 5 градусов мороза

о́бласть: Московская область; где? в Му́рманской области; по области
район: центральные районы; где? в отде́льных районах
край: Алта́йский край; где? в Красноя́рском крае

3 **Прочитайте и переведите.**

Прогноз погоды

Сегодня днём в Москве и Московской области сохранится тёплая погода, 25–27 градусов, по области 23–28, в отдельных районах возможны кратковременные дожди, ветер слабый.
28 мая днём местами кратковременные дожди, 29 мая без осадков, ветер северо-западный с переходом на юго-западный 5–10 метров в секунду, 28 мая ночью 9–14, днём 20–25, 29 мая ночью 7–12, днём 22–27.
Сегодня днём в Мурманской области 5–10 градусов. В Архангельской 15–20. В Вологодской области небольшие кратковременные дожди, 20–25. В Карелии 10–15, на юге 15–20 градусов. В Волго-Вятском районе без осадков.
На Урале 6–11, в Пермской области 9–14. В Тюменской области без осадков, 13–18. В Омской области кратковременный дождь, 8–13.
На севере Красноярского края 2–7 мороза, снег, порывистый ветер. В центральных и южных районах края 19–24, кратковременный дождь.

4 **Послушайте прогноз погоды, а потом скажите, что правильно, а что неправильно.**

Завтра ожидается тёплая погода.
Завтра ожидается гроза.
Ночью дождя не будет.

5 **Послушайте по радио прогноз погоды на немецком языке.**
Скажите коротко по-русски, какая погода будет завтра. Скажите, какая сегодня погода в вашем регионе.

Тексты для чтения

Далеко или недалеко?

Василий Петрович Жуков и его семья живут в Москве. Летом семья часто бывает у родственников в деревне Лесные Цветы. Они говорят, что это недалеко от Москвы. Сначала надо 200 километров ехать на **по́езде** до города Рязани. От Рязани 250 километров на автобусе до **райо́нного центра** Сасово, а оттуда ещё 50 километров до деревни Лесные Цветы.

Значит, от Москвы до деревни 500 километров.

Как вы думаете, почему Жуковы говорят, что деревня находится недалеко от Москвы?

Собака Бобик

Однажды Василий Жуков, его жена Татьяна Фёдоровна и их сын Петя взяли с собой в деревню Лесные Цветы свою собаку Бобика (обычно они оставляли её у соседки).

В деревне они жили у тёти Татьяны Фёдоровны. Погода была хорошая. Жуковы ходили в лес за грибами и ягодами, купались в озере, загорали. Бобик всегда был с ними.

Однажды Жуковы решили поехать в районный центр Сасово, где жила сестра Татьяны Фёдоровны, а собаку они оставили у тёти. Бобик ждал хозяев два дня. И исчез. Жуковы долго искали его, но не нашли.

Прошёл год. Однажды в августе Петя увидел около своего московского дома грязную и худую собаку. Это был Бобик. «Бобик, милый Бобик, пойдём домой», – сказал мальчик. Бобик с трудом встал и пошёл с ним.

Где собака была целый год? Что делала зимой? Как нашла дорогу домой? Об этом, к сожалению, Бобик рассказать не может.

По «Спутнику» (6/1988)

однажды – eines Tages
взяли с собой – nahmen mit
оставляли – ließen
соседки – Nachbarin
грибами – Pilze
решили – beschlossen
исчез – verschwand
искали, нашли – suchten, fanden
грязную – schmutzig
милый – lieb
встал – erhob sich

Повторяем

Составьте минимум 25 словосочетаний. 1

видеть	с юношей спортом знакомым
гулять	день рождения друзей в гости урок
заниматься	на лодке в теннис машину кошку
звонить	школу в волейбол
играть	на гитаре русские буквы
кататься	музыкой руки на санках
мыть	другу несколько писем
понимать	по-французски
праздновать	испанский язык по городу
приглашать	Красную площадь по-русски

Как правильно? 2

спросить/спрашивать
Вчера на улице прохожий ... Бориса, как дойти до Кремля.
ответить/отвечать
Борис ... ему, что надо идти прямо, а потом налево.
получить/получать
Ира часто ... письма из Германии. Сегодня она ... два письма.
пригласить/приглашать
Эльке всегда ... свою подругу Катрин на день рождения.

В каком веке жили ...? 3

русский царь Пётр I – писатель Александр Сергеевич Пушкин – русский учёный Михаил Васильевич Ломоносов – русский композитор Пётр Ильич Чайковский – поэт Владимир Семёнович Высоцкий

Когда родились и умерли немецкие писатели и поэты? 4

Фридрих Шиллер – Генрих Гейне – Томас Манн – Бертольт Брехт – Генрих Бёлль

По-русски на уроке

Переведите. 5

Придумайте другие варианты.
Обрашайте внимание на интонацию.
Разыграйте диалоги.
Используйте слова и словосочетания.
Закончите предложения.
Найдите в словаре значение слов.
Начните так.

УРОК 14

Art der Fortbewegung angeben

Как быстро время пролетело!

1

Катрин: Как жаль, что время пролете́ло так быстро! Скоро домой.

Ира: Да, три недели **наза́д** мы встречали тебя на **вокза́ле**, а **че́рез** три дня ты уже будешь дома, в Берлине. Мы хотели ещё так много посмотреть!

Катрин: Ничего, я не **после́дний** раз в вашей стране. Но в **сле́дующем** году ты, как мы договорились, приедешь к нам в Берлин.

Ира: Постараюсь обязательно приехать.

Катрин: **Сове́тую** тебе **лете́ть** на **самолёте**. Я ещё **никогда́** не **лета́ла**. А ты?

Ира: Я уже летала. В прошлом году мы были с родителями в Сибири и на Дальнем Востоке, в Хаба́ровске. Из Москвы в Хабаровск мы 8 часов летели на самолёте, а **обра́тно** ехали на поезде по **Транссиби́рской желе́зной доро́ге**. Нам очень понравилась эта **пое́здка**. Мы посмотрели Иркутск, ездили на озеро Байка́л, ходили в **похо́д** по **тайге́** ...

Катрин: Да, это **действи́тельно** очень интересная поездка. Посмотрим, может быть, через два-три года я тоже поеду в Сибирь.

2

идти	– ходить
ехать	– ездить
лететь	– летать
⟶	⟶ ⟵
(in einer Richtung)	(nicht nur in einer Richtung) ↗ Г 19–21
Мальчик идёт в магазин.	Мальчик часто ходит в магазин. (часто, туда и обратно)
Девочка едет на метро к бабушке и читает книгу.	Девочка ездила на метро к бабушке. (один раз, туда и обратно)
Самолёт летит в Москву.	Самолёт каждый день летает в Москву. (каждый день, туда и обратно)

Zeitangaben machen

Объясните употребление глаголов «летать» и «лететь». 3

Катрин: На чём вы в прошлом году ездили в Иркутск? На поезде?
Ира: Нет, мы летали на самолёте.
Катрин: Сколько времени вы летели из Москвы в Хабаровск?
Ира: 8 часов.
Катрин: А я ещё никогда не летала на самолёте.

«Идти» или «ходить», «ехать» или «ездить», «лететь» или «летать»? 4

А: Два года назад мы ... на самолёте в Хабаровск. Я очень люблю ... на самолёте.
Б: А мне нравится ... на поезде.

А: Две недели назад мы ... в поход в деревню Малиновка. Это 30 километров от нашего города. Туда мы ... **пешко́м**, а обратно ... на автобусе.
Б: А мы ... на машине в Тюрингию. Это была очень интересная поездка.

А: Куда ты сейчас ...?
Б: На стадион.

Расскажите о себе. 5

Вы ходите в школу пешком или вы ездите в школу? На чём?
Вы любите ходить в походы? Когда вы в последний раз ходили в поход?
Когда вы в последний раз ездили в деревню, в другой город или в другую страну? На чём вы ездили туда?
Вы уже летали на самолёте? Как вам понравился **полёт**?
Вы уже были в Москве, в Санкт-Петербурге, в Сибири или на Дальнем Востоке? Куда вы хотите поехать?

6

Когда ...	... это было?	... это будет?
в этом году (месяце) на этой неделе	в прошлом году (месяце) на прошлой неделе	в следующем году (месяце) на следующей неделе

	год (неделю) назад vor einem Jahr	через год (неделю) in einem Jahr ↗ Г 90; 92

Прочитайте ещё раз разговор Катрин с Ирой в упражнении 1. 7

Скажите, куда Ира ездила год назад. Куда она хочет поехать через год? Куда через два-три года хочет поехать Катрин?

8 Что вы делали на этой неделе?
Когда вы в последний раз были в кино (в дискотеке, в бассейне, в театре, в музее)?
Вы уже знаете, что вы будете делать через два дня (на следующей неделе, через пять лет)?

Федера́льные зе́мли Германии Ⓐ

	где?
Берли́н	в Берли́не
Га́мбург	в Га́мбурге
Бре́мен	в Бре́мене
Бава́рия	в Бава́рии
Бра́нденбург	в Бра́нденбурге
Ге́ссен	в Ге́ссене
Ни́жняя Саксо́ния	в Ни́жней Саксо́нии
Саа́рская о́бласть	в Саа́рской о́бласти
Саксо́ния	в Саксо́нии
Тюри́нгия	в Тюри́нгии
Ба́ден-Вю́ртемберг	в **земле́** Ба́ден-Вю́ртемберг
Ме́кленбург-Предпомера́ния	в земле Ме́кленбург-Предпомера́ния
Ре́йнланд-Пфальц	в земле Ре́йнланд-Пфа́льц
Саксо́ния-А́нгальт	в земле Саксо́ния-А́нгальт
Се́верный Рейн-Вестфа́лия	в земле Се́верный Ре́йн-Вестфа́лия
Шле́звиг-Го́льштейн	в земле Шле́звиг-Го́льштейн

– Где вы были год назад?
– Мы были в Шлезвиг-Гольштейн**е**.
Или:
– Мы были **в земле** Шлезвиг-Гольштейн.

9 **В каких городах и землях Германии вы уже были?**
Когда вы туда ездили? Где вам особенно понравилось?
Где вы еще не были? Вы поедете туда в следующем году (через два-три года)? Куда вы хотите поехать?

10 **Поговорите по-русски о летних каникулах.**
Спросите друг друга, где вы были летом в прошлом году, два года назад.
Вы туда ездили на поезде, на машине, или вы летали туда на самолёте?
Как вам понравилась поездка (понравился полёт)?
Вы уже знаете, куда вы поедете летом в этом году? На чём? С кем?

14A

über Reiseziele sprechen

квартúрное бюрó
Zimmervermittlung

прúгородные кáссы
Kassen für Vorortzüge

кáмера хранéния
Gepäckaufbewahrung

зал ожидáния
Wartesaal

So kann man sich nach Reisezielen und Verkehrsmitteln erkundigen:	– Куда вы ездили (поедете) летом? – В Москву. – На чём вы туда ездили (поедете)? – Мы летали на самолёте (поедем на поезде).
So kann man nach einem Zeitpunkt fragen:	– Когда вы были в Берлине? – Неделю назад. – Когда вы пойдёте в поход? – Через неделю.

Ирку́тск

География Сибири

Сибирь расположена в азиатской части территории России.
На севере Сибири находится Северный Ледовитый океан●. — Nördliches Eismeer
На западе Сибирь граничит с Уралом, на юге – с Казахстаном и Монголией, а на востоке – с регионом, который называется Дальний Восток.
Площадь Сибири – 10 миллионов квадратных километров. Сибирь больше, чем Австралия! По территории Сибири проходят несколько часовых поясов●. Когда на западе Сибири ещё день, на востоке уже вечер. — Zeitzonen
Климат в Сибири континентальный. Летом здесь жарко, как на берегу Чёрного моря. А зима в Сибири длинная и очень холодная. Так,

Текст для чтения

например, в Иркутске средняя температура в январе −22° С, но иногда бывают морозы −35° и даже −50° С. Город Оймякон в Якутии называют полюсом холода. Здесь зимой иногда бывают морозы до −70° С.

mittlere Temperatur

На территории Сибири находится несколько природных зон. Одна треть территории находится за Полярным кругом.

jenseits des Polarkreises

Это тундра. Здесь нет лесов. В тундре растут только мхи и карликовые деревья. Строить дома и дороги здесь трудно из-за вечной мерзлоты.

Moose
очень маленькие
wegen des Dauerfrostbodens

За зоной тундры начинается густой лес – тайга. Очень богат животный мир тайги. Здесь много животных: медведи, лоси, горностаи, соболи и другие.

Bären, Elche, Hermeline, Zobel

За зоной тайги начинается зона лесостепи и степи. Это самая тёплая зона Сибири.

А потом юг – Алтайские горы.

В Сибири находится одно из самых красивых и больших озёр мира – озеро Байкал. Байкал – самое глубокое озеро мира (1620 м).

der tiefste

Посмотрите на карту Сибири, найдите и покажите границы Сибири, природные зоны, полюс холода и озеро Байкал.

Повторяем

1 **Составьте разговор и разыграйте его.**

Ребята идут из школы домой. Антон хочет пойти в пятницу в бассейн.
Прочитайте, что говорят ребята, и скажите, как их зовут.
Скажите, кто не может пойти в бассейн и почему.
Кто пойдёт с Антоном в бассейн?

– Пойдём в пятницу после школы в бассейн, Игорь?

– Хорошо. Пойдём в пять часов. Буду ждать тебя у входа в бассейн.

– Как жаль! А ты, Тамара?

– Борис, пойдём в пятницу после школы в бассейн?

– Договорились!

– В пятницу после школы? Надо подумать ... Нет, в пятницу я не могу. У меня будут соревнования по настольному теннису.

– Я могу только вечером, в пять часов.

– К сожалению, не могу. Я буду помогать маме в саду. Спроси Бориса. Может быть, он пойдёт с тобой.

2 **Аня и Ася договорились вместе пойти в дискотеку. Аня звонит по телефону Асе и говорит с её бабушкой. Составьте и разыграйте этот диалог.**

– Да, мы договорились сегодня пойти в дискотеку.

– Спасибо, Нина Павловна. До свидания.

– К сожалению, я не могу позвонить ещё раз. Я звоню из таксофона. Скажите, пожалуйста, Ане, что я буду ждать её в пять часов у входа в дискотеку.

– Здравствуйте, Нина Павловна. Это говорит Аня. Нина Павловна, Ася дома?

– Алло? Слушаю.

– Здравствуй, Аня. Аси нет дома. Она в магазине. Позвони, пожалуйста, ещё раз. Она будет дома через 15–20 минут.

– Хорошо, я скажу Асе, что ты будешь её ждать в пять часов.

– У входа в дискотеку?

– До свидания, Аня.

3 **Вы находитесь в Москве или в другом городе.**
Что вы будете делать в этих ситуациях?

Вы хотите пойти в гости к знакомым и купить цветы.
У вашей подруги день рождения.
Вы хотите купить сувениры и не знаете, где это можно сделать.
У вас нет часов, и вы не знаете, сколько времени.

Повторяем

Вы хотите знать, в каком музее можно посмотреть картины русских художников.
Вы хотите побывать на интересной улице города.
Вам хочется есть (пить).
Вы хотите попробовать блины.

Вы хотите поехать в центр Москвы. Спросите прохожего, на чём туда можно доехать, где находится станция метро (остановка автобуса, трамвая, стоянка такси). Разыграйте диалоги.

В дискотеке вы встретили русского юношу или русскую девушку. Они вам понравились. Поговорите с ними. 4

Расскажите о себе: имя, фамилия, сколько вам лет, откуда вы, где вы учитесь, в каком классе, сколько лет вы уже учите русский язык, какие ещё языки знаете, в каких странах вы уже были.
А теперь спросите об этом ваших новых знакомых.

Придумайте ситуации, в которых можно сказать: 5

Он не видит дальше своего носа.
Ни пуха ни пера!
Их водой не разольёшь.
Ну, что ты, разве это машина!
Вот почему ты не ходишь на стадион!
Поздравляю с днём рождения, желаю всего хорошего!
Математика даётся ему нелегко.

Что вы знаете о России? 6

На каких континентах расположена Россия?
По каким горам проходит граница между этими континентами?
Вы запомнили, сколько километров от западной границы России до Тихого океана?
Сколько километров от Арктики до Чёрного моря?
Назовите большие реки и озёра России.
В каком городе начинается и в каком городе кончается Транссибирская железная дорога?
Скажите, приблизительно сколько жителей в России?
Сколько жителей в Москве и в Санкт-Петербурге?
На каких реках расположены Москва и Санкт-Петербург?
Сколько приблизительно лет Санкт-Петербургу? Кто его основатель?
Как называется центральная площадь Москвы?
Какие достопримечательности Москвы вы знаете?

ПРИЛОЖЕНИЕ

Тексты для чтения

Русские имена́, о́тчества и фамилии

В России в докуме́нтах людей (например, в па́спорте) всегда запи́сывают имя, отчество и фамилию.

- Какие русские *имена* са́мые популя́рные? На этот вопрос тру́дно ответить, потому что и на имена есть мо́да. В шестидесятые годы одна учительница расска́зывала, что в её классе были 23 девочки и 17 из них зва́ли Мари́на.

Среди самых популярных имён можно назва́ть такие же́нские и мужски́е имена: Еле́на, Ната́лия, Ири́на, О́льга, А́нна, Светла́на, Мари́на, Мари́я, Татья́на, Наде́жда ..., Серге́й, Алексе́й, Алекса́ндр, Андре́й, Оле́г, Влади́мир, Вале́рий, И́горь, Генна́дий, Вади́м ...

Большинство́ русских имён имеют наряду́ с по́лной (официа́льной) фо́рмой и уменьши́тельную (неофициа́льную) форму, например, Екатери́на – Катя, Ири́на – Ира, Татья́на – Таня, Людми́ла – Мила, Бори́с – Бо́ря, Дми́трий – Ми́тя, И́нна – Ина.

- А что такое *отчество*? Это название человека, которое образо́вано от имени его отца. Вот примеры:

Фамилия	Имя	Отчество	Имя отца
Воробьёв	Серге́й	Петр**о́вич**	Пётр
Сне́гин	Алексе́й	Никола́**евич**	Никола́й
Моро́зова	Гали́на	Алекса́ндр**овна**	Алекса́ндр
Григо́рьева	Ве́ра	Серге́**евна**	Серге́й

Вы, наверно, уже читали: Алекса́ндр Серге́евич Пу́шкин, Фёдор Миха́йлович Достое́вский, Анна Андре́евна Ахма́това. Значит, отца́ Пушкина звали Сергей, отца Достоевского – Михайл, а отца поэте́ссы Ахматовой – Андрей.

Обраще́ние по имени и отчеству – это общепри́нятая ве́жливая форма обращения к взро́слым. Так, например, в русской школе ученики обращаются к учителям.

- Русские *фамилии* часто ока́нчиваются на -ов(а), -ев(а), -ин(а). -ский (-ская): Крыл**о́в**, Турге́н**ев**. Есе́н**ин**. Бели́н**ский**. Цвета́**ева** ...

Са́мая распространённая русская фамилия – Иванов. В восьмидесятые годы в Москве было 90 000 людéй с фамилией Иванов (из них тысячу звали Иван Иванович Иванов).

Немного о чае

Са́мый популя́рный напи́ток в России – это чай. Чай пьют утром, днём и вечером, пьют дома, в ресторанах, в поездах ...

Обы́чно чаи пьют после еды́. На столе часто стоит самова́р, а на нём фарфо́ровый ча́йник. В чайнике очень кре́пкий чай: зава́рка. Этот концентра́т разбавля́ют кипятко́м из самовара. У многих людей есть свой секре́т приготовле́ния чая. К чаю подают много сла́дкого: сахар, варенье ра́зных сорто́в, мёд, печенье и конфеты, пироги и пирожки ...

Впервые чай появи́лся в Кита́е. Китайцы подарили миру название этого напи́тка и научили готовить его.

В Россию чай пришёл в 1638 году. Русский царь подарил монго́льскому ха́ну соболя́, а хан подарил царю́ 64 килограмма чая. Напиток понравился. И чай стали импорти́ровать.

Сейчас в России есть свои чайные планта́ции. Один из самых известных сортов русского чая – «Краснода́рский».

Час наедине с тигром

Рассказывает биолог Виктор Коркишко

Это было зимой. Днём я был в деревне Лазо́ (Дальний Восток), собирал информацию о леопа́рдах. Было ещё светло́, когда я по знако́мой тропе́ пошёл через тайгу́ в лагерь.

И вдруг в 10 метрах от себя́ я увидел большого аму́рского тигра! Конечно, я испуга́лся. Что делать? Я начал говорить с ним: «Ты хорошая, большая, красивая кошка! У меня нет ору́жия. Дай мне, пожалуйста, доро́гу».

Тигр стоял и слушал. Я пошёл дальше. Тигр начал обходить меня. Я останови́лся и заговорил с ним. Я читал ему лекцию по биологии, а он слушал. Но как только я пошёл да́льше, он опять начал обходить меня. Я бро́сил ему свои сигареты. Они его не заинтересовали. Я бросил ему верёвку. Он стал рвать её, а я пошёл дальше и прошёл метров 10.

Тигр опять рядом со мной! Что ещё есть у меня в рюкзаке? Я бросил ему перча́тки, ша́пку ... и, наконец, рюкзак. Это отвлека́ло его, и каждый раз я мог проходить 10–15 метров.

Тексты для чтения

Было уже темно́, когда мы вышли из тайги на берег реки. Всё-таки я увидел, что тигр приготовился к прыжку́. И в этот момент я услышал шум машины – снегохо́да. Я был спасён!

Рассказывает руководитель экспедиции Д. Пикунов
Мы не ве́рили Виктору и решили всё прове́рить. Мы нашли следы́ тигра и человека на снегу́, ве́щи Виктора. Чем можно объяснить этот невероя́тный слу́чай? Во-пе́рвых, тигр, конечно, был сыт. Во-вторы́х, Виктор уже 10 лет занимается леопардами и тиграми и знает, как вести себя́ с кру́пными хи́щниками.

По журналу «Спутник» (11/1987)

Мой брат играет на кларнете

Рассказывает Женя, ученица седьмого класса
Мой брат Лёва учится в консервато́рии, на втором курсе. Он играет на кларне́те. Брат тала́нтливый, а я обыкнове́нная, поэтому я хочу посвяти́ть свою жизнь брату. Лёва согласен. Мы договорились, что он будет с утра́ до вечера заниматься музыкой. А ли́чная жизнь у него будет, когда он станет большим музыкантом. А я буду помогать ему во всём.
Сегодня в школе десятикла́ссник Роберт (все зовут его Роберт-организа́тор) спросил меня:
– Женя, организу́ешь своего брата? У нас 26 декабря бал десятиклассников. Будет конце́рт. Сначала кла́ссика, например, твой брат. Потом школьный джаз, а потом танцы. У меня и для тебя есть билет.
Я очень обра́довалась. Мы с братом будем в центре внимания на балу́ десятиклассников!
Но я ответила:
– Не знаю. У моего брата сейчас много концертов и мало времени. Но я попробую поговорить с ним ...

А что было дальше? (краткое изложе́ние)
Лёва выступа́л на вечере в школе. Ему, конечно, аплоди́ровали, но не очень си́льно.
А потом выступал школьный джаз и пела десятиклассница Али́на, первая краса́вица школы. Начались танцы. Же́ня ждала, что брат пригласит её, но он пригласил Алину.
Лёва танцевал с Алиной весь вечер, а Женя стояла у стены. После бала Лёва и Женя пошли провожа́ть Алину.

Опять рассказывает Женя
Мы шли к дому Алины. Лёва и Алина разговаривали, а я только слушала. Алина сказала, что кларне́т – её любимый инструмент. С утра до вечера она может слушать кларнет.
– После Нового года у нас будет концерт студентов второго ку́рса. Приходите. Для меня это будет большим подарком! – сказал Лёва Алине.
Большим подарком! Как приглашает!
Конечно, Алина сначала ответила, что не знает. У красавиц мало времени, – подумала я с иро́нией. Но потом она согласи́лась, и мы договорились, что будем ждать Алину у входа в конце́ртный зал.
Мне было всё ясно. Лёва влюблён и делает глу́пости. Его надо спаса́ть.

Чем всё кончилось? (краткое изложение)
Через несколько дней Же́ня сказала Алине, что у Лёвы есть неве́ста, которая очень хорошо разбира́ется в классической музыке. Алина не пришла на концерт. А Лёва ждал, очень ждал. На концерте Лёва играл не очень хорошо. Когда он играл, его учителя говорили: «Он сегодня не в фо́рме».
И после концерта Лёва думал только о том, почему Алина не пришла. Ночью он не мог спать. И Женя не могла спать. Она решила рассказать брату правду и больше не вме́шиваться в его личную жизнь.

По рассказу А. Г. Але́ксина[1]

---

[1] Анато́лий Гео́ргиевич Але́ксин (р. 1924), известный русский писатель, автор популярных повестей и рассказов. Его любимые герои – мальчики и девочки 13–14 лет.

ПРИЛОЖЕНИЕ

Поурочный словарь

Dieses Wörterverzeichnis enthält nach Lektionen und Abschnitten gegliedert den gesamten Lernwortschatz des Lehrbuchs. Die Wörter sind in der Regel in der Reihenfolge ihres ersten Auftretens innerhalb eines Abschnitts aufgeführt. Wörter eines Abschnitts, die thematisch zusammengehören, werden jedoch, um ihre Aneignung zu erleichtern, hintereinander gegeben, auch wenn sie nicht streng in dieser Reihenfolge erstmalig auftreten.

СТАРТ

А

как?	wie?	
меня́	mich	
тебя́	dich	
меня́ зову́т	ich heiße	Меня́ зову́т Анто́н.
тебя́ зову́т	du heißt	Как тебя́ зову́т?
а	und, aber	А как тебя́ зову́т?
ма́ма	Mama, Mutti	

Б

э́то	das (ist, sind)	Э́то Ка́тя.
и	und	Э́то Ка́тя и Та́ня. *aber:* Э́то Ка́тя, а э́то Та́ня.
кто?	wer (ist)?	Кто э́то?
да	ja	
нет	nein	
здра́вствуй! здра́[с]твуй	guten Tag! *(Begrüßung von vertrauten Personen, die man duzt, zu jeder Tageszeit)*	Здра́вствуй, ма́ма. Здра́вствуй, Ни́на.
до свида́ния!	auf Wiedersehen!	
ка́рта	Karte	
ма́рка	Marke	
рестора́н	Restaurant	
дискоте́ка	Diskothek	
бассе́йн	(Schwimm-)Bassin	
оди́н	eins	
два	zwei	
три	drei	

В

алло́ [ал̑’о́]	hallo *(beim Telefonieren)*	
где?	wo (ist, sind)?	Где телефо́н?
в	in	*mit P. auf die Frage* где? Где ма́ма? – В рестора́не.
магази́н	Laden, Geschäft	

ANHANG

Поурочный словарь

парк	Park	где? в па́рке
класс	Klasse, Klassenraum	
ла́мпа	Lampe	
крокоди́л	Krokodil	
тигр	Tiger	
гита́ра	Gitarre	
попуга́й	Papagei	
зоопа́рк	Tierpark	где? в зоопа́рке
па́па	Papa, Vati	
телефо́н	Telefon	
ко́мната	Zimmer	где? в ко́мнате
я	ich	
ты	du	
он	er	Где Анто́н? – Он в ко́мнате.
она́	sie	Где Ни́на? – Она́ в магази́не.
оно́	es	
мы	wir	
вы	ihr, Sie *(Höflichkeitsform)*	
они́	sie *(Pl.)*	Э́то Ни́на и Зо́я. Они́ в па́рке.

Г

ба́бушка	Oma	
де́душка	Opa	
пода́рок	Geschenk	
что?	was?	
[ш]то		
покажи́	zeige	что? *A.*; Покажи́ класс и ка́рту.
мне	mir	Покажи́ мне пода́рок.
пожа́луйста	bitte	
пожа́[лу]ста		
ко́шка	Katze	
спаси́бо	danke	
жира́ф	Giraffe	
то́же	auch	
ноль	Null	
четы́ре	vier	
пять	fünf	
шесть	sechs	
семь	sieben	
во́семь	acht	
де́вять	neun	
де́сять	zehn	
но́мер	Nummer	
каранда́ш	Bleistift	
ру́чка	(Füll-) Federhalter	

ПРИЛОЖЕНИЕ

Поурочный словарь

флома́стер	Filzstift	
рези́нка	Radiergummi	
лине́йка	Lineal	
су́мка	(Schul-)Tasche	
кни́га	Buch	
доска́	Tafel	
стол	Tisch	Где кни́га? – На столе́.
стул	Stuhl	
окно́	Fenster	
наш	unser	наш класс
на	in, auf	*mit P. auf die Frage* где?
стои́т	steht	Стол стои́т в ко́мнате.
лежи́т	liegt	Где лежи́т кни́га?
дай	gib	что? *A.*; Дай мне, пожа́луйста, кни́гу.
вот	da (ist, sind)	Вот Ни́на. Вот Ка́тя и Та́ня.

Д

ребя́та	Kinder, Jugendliche *(häufig gebrauchte Anrede)*	
учи́тель	Lehrer	
но́вый	neu	
ваш	euer	Э́то ваш учи́тель?
сади́тесь	setzt euch, setzen Sie sich	
ско́лько?	wieviel?	
тебе́	dir	
Ско́лько тебе́ лет?	Wie alt bist du?	
Мне … лет.	Ich bin … Jahre alt.	
оди́ннадцать	elf	
двена́дцать	zwölf	
трина́дцать	dreizehn	
четы́рнадцать	vierzehn	
пятна́дцать	fünfzehn	
шестна́дцать	sechzehn	
семна́дцать	siebzehn	
восемна́дцать	achtzehn	
девятна́дцать	neunzehn	
ру́сский	Russe	Пётр Бори́сович ру́сский.
ру́сская	Russin	И́нна Бори́совна ру́сская.
не́мец	Deutscher	Дани – не́мец.
не́мка	Deutsche	Яна – не́мка.
господи́н	Herr	господи́н Мюллер
госпожа́	Frau	госпожа́ Райх
здра́вствуйте! здра́[с]твуйте	guten Tag! *(Begrüßung von mehreren Personen und Personen, die man siezt)*	Здра́вствуйте, господи́н Мюллер.

Поурочный словарь

E

говори́ть	sprechen	я говорю́, ты говори́шь
по-ру́сски	(auf) russisch	*Adv.*
по-неме́цки	(auf) deutsch	*Adv.*
по-англи́йски	(auf) englisch	*Adv.*
по-францу́зски по-францу́[с]ки	(auf) französisch	*Adv.*
из	aus	*mit G.*
Росси́я	Rußland	Лю́ба из Росси́и.
Герма́ния	Deutschland	Я из Герма́нии.
хорошо́	gut	*Adv.* Ральф хорошо́ говори́т по-ру́сски, а Яна говори́т пло́хо.
пло́хо	schlecht	*Adv.*
ещё	noch	Я ещё пло́хо говорю́ по-ру́сски.
не	nicht	Я не говорю́ по-англи́йски. Э́то не Ни́на.
о́чень	sehr	
немно́го	etwas, ein wenig	*Adv.* Ты немно́го говори́шь по-ру́сски?
ему́	ihm	Ско́лько ему́ лет? – Ему́ 13 лет.
ей	ihr	Ско́лько ей лет? – Ей 14 лет.

По-русски на уроке

допо́лни(те)	ergänze (ergänzt)
отве́ть(те)	antworte (antwortet)
переведи́(те)	übersetze (übersetzt)
повтори́(те)	wiederhole (wiederholt)
послу́шай(те)	höre zu (hört zu)
прочита́й(те)	lies (lest)
спроси́(те)	frage (fragt)
и́ли	oder
рису́нок	Zeichnung
Говори́(те) пра́вильно.	Sprich (sprecht) richtig.
Поговори́(те) по-ру́сски.	Sprich (sprecht) russisch.
Прочита́й(те) вслух.	Lies (lest) laut.
Что на рису́нке?	Was ist auf der Zeichnung?

УРОК 1

A

люби́ть	lieben, gern haben	что? *A.*; я люблю́, ты лю́бишь
игра́ть	spielen	во что? в *mit A.*
те́ннис	Tennis	игра́ть в те́ннис

ПРИЛОЖЕНИЕ

Поурочный словарь

футбóл	Fußball	игрáть в футбóл
волейбóл	Volleyball	игрáть в волейбóл
баскетбóл	Basketball	
гандбóл	Handball	
хоккéй	Eishockey	игрáть в хоккéй
читáть	lesen	что? *A.*; читáть кни́гу
му́зыка	Musik	
слу́шать	hören, zuhören	что? *A.*; слу́шать му́зыку
дéлать	tun, machen	что? *A.*
урóк	Unterrichtsstunde; Lektion; Hausaufgabe	
дéлать урóки	Schularbeiten machen	
танцевáть	tanzen	И́на лю́бит танцевáть.
телеви́зор	Fernsehapparat	
смотрéть	anschauen, sich ansehen	что? *A.*
смотрéть телеви́зор	fernsehen	
велосипéд	Fahrrad	
катáться на велосипéде	radfahren	
шáхматы	Schach, Schachspiel	игрáть в шáхматы
говори́ть по телефóну	telefonieren	
спорт	Sport	

Б

Как делá?	Wie geht es?	
скажи́(те)	sag(t, sagen Sie)	
Как по-немéцки ...?	Wie heißt deutsch ...?	Как по-немéцки «стол»?
игрáть на гитáре	Gitarre spielen	И́ра игрáет на гитáре.
газéта	Zeitung	
рáдио	Radio	*unveränderlich;* Я слу́шаю рáдио.
журнáл	Zeitschrift	
о	über, von	*mit P.;* говори́ть о му́зыке, говори́ть о спóрте
о ком? о чём?	über wen? worüber?	
семья́	Familie	
ничегó: ниче[в]ó	es geht; nichts, macht nichts	
нормáльно	normal, nichts Besonderes	*Adv.*
стенá	Wand, Mauer	где? на стенé

По-русски на уроке

запóмни(те)	merke dir (merkt euch)
скажи́(те)	sage (sagt)
сравни́(те)	vergleiche (vergleicht)
скороговóрка	Zungenbrecher
упражнéние (упр.)	Übung
Как по-ру́сски ...?	Wie heißt russisch ...?

Поурочный словарь

УРОК 2

А

до́ма	zu Hause	*Adv.* Где Макси́м? – Он до́ма.
мой, моя́, моё	mein(e)	мой журна́л, моя́ кни́га
твой, твоя́, твоё	dein(e)	твой каранда́ш, твоя́ ру́чка
его́ е[в]о́	ihn *(nennt man)*	Его́ зову́т Анто́н.
её	sie *(nennt man)*	Её зову́т Зо́я.
уже́	schon, bereits	Он уже́ хорошо́ игра́ет в те́ннис.
со́рок	vierzig	
мно́го	viel	Как мно́го!
брат	Bruder	
сестра́	Schwester	
друг	Freund	
подру́га	Freundin	
фотогра́фия	Fotografie, Aufnahme	На фотогра́фии моя́ семья́.
письмо́	Brief	
отку́да?	woher?	Отку́да э́то письмо́? – Из Берлина.

Б

у	bei … (ist),	*mit G.*; у Макси́ма, у И́ры
У кого́ есть …? у ко[в]о́	Wer hat …?	У кого́ есть брат? – У И́ры.
У меня́ (тебя́, нас, вас) есть …	Ich habe (du hast, wir haben, ihr habt, Sie haben) …	*mit N.*; У меня́ есть гита́ра.
У кого́ нет …?	Wer hat kein(e, -en) …?	*mit G.*; У кого́ нет бра́та?
У меня́ (тебя́, нас, вас) нет …	Ich habe (du hast, wir haben, ihr habt, Sie haben) kein(e, -en) …	*mit G.*; У нас нет фотоаппара́та.
и́ли	oder	У тебя́ есть брат и́ли сестра́?
близнецы́	Zwillinge, Mehrlinge	Ка́тя и Та́ня близнецы́. Ве́ра, О́ля, На́дя – то́же близнецы́.
одна́	ein(e)	*f.*; одна́ сестра́
две	zwei	*f.*; две сестры́
из вас	von euch, von Ihnen	У кого́ из вас две сестры́? Кто из вас игра́ет в ша́хматы?
соба́ка	Hund	
компью́тер	Computer	
калькуля́тор	Taschenrechner	
кассе́тник	Kassettenrecorder	
маши́на	Auto, Maschine	
фотоаппара́т	Fotoapparat	

ПРИЛОЖЕНИЕ

Поурочный словарь

По-русски на уроке

бу́ква	Buchstabe
зага́дка	Rätsel
сло́во	Wort
страни́ца (стр.)	Seite (S.)
Кака́я э́то бу́ква?	Was für ein Buchstabe ist das?
Како́е э́то сло́во?	Was für ein Wort ist das?
Отве́ть(те) на вопро́сы к те́ксту.	Beantworte(t) die Fragen zum Text.
Посмотри́(те) на рису́нок.	Schau dir (Schaut euch) die Zeichnung an.

УРОК 3

А

како́й?	welcher, was für ein?	Како́й у тебя́ но́мер телефо́на?
два́дцать	zwanzig	
три́дцать	dreißig	
пятьдеся́т	fünfzig	
шестьдеся́т	sechzig	
се́мьдесят	siebzig	
во́семьдесят	achtzig	
девяно́сто	neunzig	
сто	hundert	
дом	Haus	
год	Jahr	оди́н год, два го́да, со́рок два го́да
тётя	Tante	У тёти и дя́ди есть маши́на.
дя́дя	Onkel	
праба́бушка	Urgroßmutter	
праде́душка	Urgroßvater	

Б

писа́ть	schreiben	что? *A.*, кому́? *D.*; я пишу́, ты пи́шешь (*ср.* письмо́); Ни́на пи́шет письмо́ Бори́су.
кому́?	wem, an wen?	Кому́ ты пи́шешь? – Ни́не.
учи́ть	lernen	что? *A.*; я учу́, ты у́чишь (*ср.* учи́тель)
шко́ла	Schule	
язы́к	Sprache	
ру́сский язы́к	russische Sprache, Russisch	(*ср.* по-ру́сски)
неме́цкий	deutsch	(*ср.* по-неме́цки) неме́цкий язы́к
францу́зский	französisch	(*ср.* по-францу́зски) францу́зский язы́к
англи́йский	englisch	(*ср.* по-англи́йски) англи́йский язы́к
испа́нский	spanisch	испа́нский язы́к
лати́нский	lateinisch	лати́нский язы́к

Поурочный словарь

по-испа́нски	(auf) spanisch	*Adv.*
по-латы́ни	(auf) lateinisch	*Adv.*
интере́сно	interessant	*Adv.* Как интере́сно!
Вот почему́ ...!	Deswegen, also ...!	

В

приве́т!	grüß dich! *(Begrüßung unter Jugendlichen)*; grüße!	Приве́т, Бори́с! Приве́т, Ни́на! кому́? *D.*; Приве́т Бори́су и Ни́не!
пока́!	mach's gut! bis später! *(Verabschiedung unter Jugendlichen)*	
куда́?	wohin?	(*ср.* отку́да) на стадио́н, в шко́лу
на	in, auf, zu	*mit A. auf die Frage* куда́?
в	in	*mit A. auf die Frage* куда́?
к	zu	*mit D.*; к бра́ту, к сестре́
идти́ иди́(те)	gehen	куда́? на, в *mit A.*; к кому́? к *mit D.*; я иду́, ты идёшь; Ни́на идёт в шко́лу. Я иду́ к ба́бушке.
стадио́н	Stadion	Куда́ он идёт? – На стадио́н. Где он? – На стадио́не.
конце́рт	Konzert	Куда́ она́ идёт? – На конце́рт. Где она́? – На конце́рте.
рок-конце́рт	Rockkonzert	
гру́ппа	Gruppe	
люби́мый	Lieblings-	люби́мая гру́ппа
сего́дня се[в]о́дня	heute	*Adv.*
цветы́	Blumen	*Pl.* Цветы́ стоя́т на столе́.
домо́й	nach Hause	*Adv.* (*ср.* до́ма) Куда́ ты идёшь? – Домо́й.
там	dort	Кто там? – Там Макси́м.

По-русски на уроке

запиши́(те)	schreibe auf (schreibt auf)	
пра́вильно	richtig	
Запиши́(те) ци́фрами.	Schreibe (schreibt) in Zahlen auf!	

УРОК 4

А

ша́хматный турни́р	Schachwettkampf	(*ср.* ша́хматы)
коне́чно коне́[ш]но	selbstverständlich, natürlich	
с	mit	*mit I.*; с дру́гом, с подру́гой
с кем?	mit wem?	С кем ты игра́ешь? – С Ма́рком и И́рой.
ма́льчик	Junge	

ПРИЛОЖЕНИЕ

Поурочный словарь

де́вочка	(kleines) Mädchen	
учи́тельница	Lehrerin	(*ср.* учи́тель) с учи́тельницей
лу́чше	besser	
лу́чше, чем	besser als	Он игра́ет в ша́хматы лу́чше, чем я.
знать	wissen	что? *A.*; знать неме́цкий язы́к кого́? *A.*; знать Анто́на и Ни́ну
ду́мать	denken, glauben	что? *A.*
что	daß	*Konjunktion;* Я зна́ю, что он до́ма. Ма́ма ду́мает, что я до́ма.
сиде́ть	sitzen	я сижу́, ты сиди́шь
дружи́ть	befreundet sein	с кем? с *mit I.*; я дружу́, ты дру́жишь; Я дружу́ с Ма́рком и И́рой.
вме́сте	zusammen, gemeinsam	
всё	alles	
Ни пу́ха ни пера́!	Hals- und Beinbruch!	
внима́ние	Achtung; Aufmerksamkeit	
водо́й не разольёшь	wie Pech und Schwefel zusammenhalten	

Б

сейча́с: с[и̯ᵉ]ча́с	jetzt, gleich	*Adv.*
ро́вно	genau, gerade	*Adv.*
час	Stunde	Ско́лько часо́в?
мину́та	Minute	Ско́лько мину́т?
вре́мя	Zeit	
Ско́лько вре́мени?	Wie spät ist es? Wie lange?	Ско́лько вре́мени сейча́с? – Два часа́. Ско́лько вре́мени ты де́лаешь уро́ки? – 30 мину́т.
часы́	Uhr	

В

за́втрак	Frühstück	
за́втракать	frühstücken	
обе́д	Mittag	
обе́дать	zu Mittag essen	
у́жин	Abendbrot	
у́жинать	zu Abend essen	
рабо́тать	arbeiten	
когда́?	wann?	
в	um, am	*zeitl., mit A. auf die Frage* когда́? Когда́? – В три часа́.
по́сле	nach	*mit G.*; по́сле за́втрака, по́сле шко́лы
у́тро	Morgen	
у́тром	morgens, am Morgen	
до́брое у́тро!	guten Morgen!	

Поурочный словарь

день	Tag	
днём	tagsüber, am Tag	*Adv.*
до́брый день!	guten Tag!	
ве́чер	Abend	
ве́чером	abends, am Abend	*Adv.*
до́брый ве́чер!	guten Abend!	
стать	*etwas* werden	кем? *I.*; стать чемпио́ном

По-русски на уроке

расскажи́(те)	erzähle (erzählt)
расска́з	Erzählung
разгово́р	Gespräch
Разыгра́йте диало́г.	Spielt den Dialog.
тепе́рь	jetzt
Начни́(те) так ...	Fange (Fangt) so an ...
Обрати́(те) внима́ние на ...	Beachte(t) ...
Поговори́те в па́рах.	Sprecht paarweise.
Поговори́(те) о себе́.	Sprich über dich (Sprecht über euch).

УРОК 5

А

жить	wohnen, leben	где? в, на *mit P.*; я живу́, ты живёшь; Я живу́ в Берлине.
го́род	Stadt	*Pl.* города́
дере́вня	Dorf	
а́дрес	Anschrift; Adresse	*Pl.* адреса́
почто́вый и́ндекс	Postleitzahl	
у́лица	Straße	жить на у́лице Че́хова
кварти́ра	Wohnung	Како́й у тебя́ но́мер кварти́ры?
фами́лия	Zuname, Familienname	Как твоя́ фами́лия?
и́мя	Vorname	*n.*; Моё и́мя Ральф.
называ́ется	heißt	*3. Pers., Pl.* называ́ются; Как называ́ется твоя́ дере́вня?
на́до	man muß	
понима́ть	verstehen	что? кого́? *A.*; понима́ть ру́сские слова́, учи́теля, учи́тельницу

Б

ста́рый	alt	ста́рый дом, ста́рая шко́ла; ста́рые кни́ги
большо́й	groß	большой го́род, больша́я дере́вня, большо́е окно́; больши́е города́
ма́ленький	klein	ма́ленький дом, ма́ленькая дере́вня; ма́ленькие де́вочки

ПРИЛОЖЕНИЕ

Поурочный словарь

краси́вый	schön	краси́вый язы́к, краси́вая де́вочка, краси́вое и́мя; краси́вые города́
теа́тр	Theater	
кинотеа́тр	Kino	
музе́й	Museum	*Pl.* музе́и
библиоте́ка	Bibliothek	
гости́ница	Hotel	
ме́сто	Platz, Ort, Gegend	*Pl.* места́
река́	Fluß	*Pl.* ре́ки
центр	Zentrum	
то́лько	nur	
здесь	hier	*Adv.*

В

мужчи́на му[щ]и́на	Mann	
же́нщина	Frau	
ю́ноша	junger Mann, Jugendlicher	
де́вушка	(erwachsenes) Mädchen	
прохо́жий	Passant	*Pl.* прохо́жие
нахо́дится *3. Pers. Sg.*	befindet sich	*3. Pers. Pl.* нахо́дятся; Го́род нахо́дится в Росси́и.
недалеко́	unweit, nicht weit	
от	von	*mit G.*; Магази́н недалеко́ от шко́лы.
отсю́да	von hier	*Adv.* (*ср.* отку́да)
до	bis, nach	*mit G.*; до го́рода, до дере́вни
Как дойти́ до ...?	Wie kommt man ...?	*mit G.*; Как дойти́ до шко́лы?
апте́ка	Apotheke	
по́чта	Post	
пря́мо	geradeaus	*Adv.*
нале́во	nach links	*Adv.*
напра́во	nach rechts	*Adv.*
пото́м	danach, dann	
напро́тив	gegenüber	*mit G.*; напро́тив магази́на (шко́лы)
доро́га	Weg, Straße	Покажи́те мне, пожа́луйста, доро́гу до по́чты.
повтори́(те)	wiederhole (wiederholt, wiederholen Sie)	
ещё раз	noch einmal	Повтори́те, пожа́луйста, ещё раз.
сверни́(те)	biege ein (biegt ein, biegen Sie ein)	
к сожале́нию	leider	К сожале́нию, я не понима́ю по-неме́цки.
авто́бус	Autobus	
тролле́йбус	Obus	
трамва́й	Straßenbahn	
остано́вка	Haltestelle	остано́вка авто́буса, трамва́я
ста́нция	Station	где? на ста́нции

Поурочный словарь

метрó	Metro, U-Bahn	*unveränderlich;* стáнция метрó
стоя́нка	Parkplatz, Taxihaltestelle	
таксú	Taxi	*unveränderlich;* стоя́нка таксú
таксофóн	Telefonzelle	
ря́дом	nebeneinander, daneben	*Adv.* Это Большóй теáтр. Ря́дом Мáлый теáтр.
ря́дом с(о)	neben	*mit I.*; ря́дом с останóвкой, ря́дом со стáнцией, ря́дом со стоя́нкой
мир	Frieden; Welt	Мúру мир!
извинú(те)!	Verzeihung!	
у	an, bei	*mit G.*; у магазúна, у пóчты
столúца	Hauptstadt	Берлин – столúца Гермáнии.
плóщадь плóщ[и̯]дь	Platz, Fläche	где? на плóщади
крáсный	rot	Крáсная плóщадь
дрéвний	alt, altertümlich	
пáмятник	Denkmal	комý? *D.*; пáмятник Пýшкину
здáние	Gebäude	у здáния, где? в здáнии
движéние	Verkehr	
перехóд	Übergang	
спросú(те)	frage (fragt, fragen Sie)	
ответь(те)	antworte (antwortet, antworten Sie)	

По-русски на уроке

словáрь	Wörterbuch, Wortliste
Вы́учи(те) э́то слóво (э́ти словá).	Lerne (lernt) dieses Wort (diese Wörter).
Найдú(те) в словарé значéние э́тих слов.	Suche (sucht) im Wörterbuch die Bedeutung dieser Wörter auf.
Обращáй(те) внимáние на интонáцию.	Beachte(t) die Intonation.
Прочитáй(те) со словарём (без словаря́).	Lest mit Wörterbuch (ohne Wörterbuch).

УРОК 6

A

фильм	Film	фильм идёт
пойтú	gehen	
пойдём	laß(t) uns gehen, gehen wir	Пойдём на стадиóн.
кинó	Kino	*unveränderlich;* Я идý в кинó.
мочь	können, in der Lage sein	я могý, ты мóжешь; мы мóжем; Я не могý пойтú на стадиóн.
жаль	schade	Как жаль! Жаль, что у тебя́ нет врéмени.

ПРИЛОЖЕНИЕ

Поурочный словарь

почему́?	warum?	Почему́ ты не чита́ешь?
помога́ть	helfen	кому́? *D.*; помога́ть бра́ту, сестре́
убира́ть	aufräumen, saubermachen	что? *A.*; убира́ть ко́мнату
мыть	waschen, putzen	что? *A.*; я мо́ю, ты мо́ешь; мы мо́ем; Па́па мо́ет маши́ну. Мы мо́ем о́кна.
посу́да	Geschirr	
воскресе́нье	Sonntag	В воскресе́нье я иду́ в кино́.
ждать	warten	кого́? что? *A.*; я жду, ты ждёшь; мы ждём; Она́ ждёт Бори́са и Ни́ну. Мы ждём авто́бус.
ка́ждый	jeder	ка́ждый день
ходи́ть	gehen *(nicht nur in eine Richtung)*	я хожу́, ты хо́дишь; мы хо́дим; Ни́на ка́ждое воскресе́нье хо́дит в дискоте́ку.
нет (не́ было) вре́мени	keine Zeit	Вчера́ у меня́ не́ было вре́мени.
ча́сто	oft	*Adv.*
всегда́	immer	*Adv.*

Б

быть	sein	*Prät.* был, была́, бы́ло; бы́ли
вчера́	gestern	*Adv.*
позавчера́	vorgestern	*Adv.*
звони́ть	anrufen; telefonieren	кому́? *D.*; Она́ звони́т Бори́су и И́не.
снача́ла	zuerst, erst	*Adv.*
дру́жба	Freundschaft	(*ср.* дружи́ть, друг)
интере́сный	interessant	(*ср.* интере́сно) интере́сная кни́га
ви́деть	sehen	кого́? что? *A.*; я ви́жу, ты ви́дишь; Кого́ ты ви́дишь? – Я ви́жу Ма́рка и И́ру.
сад	Garten	рабо́тать в саду́
сло́во	Wort	*Pl.* слова́
кассе́та	Kassette	(*ср.* кассе́тник)

В

рисова́ть	zeichnen, malen	Ми́ла лю́бит рисова́ть.
нарисова́ть	zeichnen, malen	*v. zu* рисова́ть
дво́йка	eine Zwei (*eine Zensur in russischen Schulen, entspricht etwa unserer* 5)	
це́лый	ganz	це́лый день, це́лое воскресе́нье
портре́т	Porträt, Bildnis	
матема́тика	Mathematik	уро́к матема́тики, учи́тель матема́тики
получи́ть	erhalten, bekommen	*v. zu* получа́ть
вы́учить	lernen	*v. zu* учи́ть
спра́шивать	fragen	кого́? *A.*; спра́шивать учи́теля и учи́тельницу
отвеча́ть	antworten	кому́? *D.*; отвеча́ть бра́ту и сестре́
получа́ть	erhalten, bekommen	что? *A.*; получа́ть пода́рок, письмо́
написа́ть	schreiben	*v. zu* писа́ть

Поурочный словарь

прочита́ть	lesen	*v. zu* чита́ть
позвони́ть	anrufen	*v. zu* звони́ть
сде́лать	tun, machen	*v. zu* де́лать
спроси́ть	fragen	*v. zu* спра́шивать
отве́тить	antworten	*v. zu* отвеча́ть
сказа́ть	sagen	*v. zu* говори́ть
иногда́	manchmal	*Adv.*
до́лго	lange	*Adv.*
страни́ца	Seite	*Abkürzung:* стр.
быть	sein *vgl. S. 206, Б*	*Fut.* я бу́ду, ты бу́дешь; *(Hilfsverb)* я бу́ду чита́ть

Г

челове́к	Mensch	
живо́тное	Tier	*Pl.* живо́тные
голова́	Kopf	*Pl.* го́ловы
во́лосы	Haare	*Pl.*; У И́ры краси́вые во́лосы.
глаз	Auge	*Pl.* глаза́; больши́е глаза́
у́хо	Ohr	*Pl.* у́ши
лицо́	Gesicht	*Pl.* ли́ца
нос	Nase	
рот	Mund	
рука́	Hand, Arm	*Pl.* ру́ки
нога́	Fuß, Bein	*Pl.* но́ги
па́лец	Finger, Zehe	*Pl.* па́льцы; пять па́льцев

По-русски на уроке

объясни́(те)	erkläre (erklärt)
Приду́май(те) други́е вариа́нты.	Denke dir (denkt euch) andere Varianten aus.

УРОК 7

А

дава́й(те)	laß(t) uns (lassen Sie uns)	Дава́й(те) игра́ть в футбо́л.
трениро́вка	Training	ходи́ть на трениро́вку
за́втра	morgen	*Adv.*
послеза́втра	übermorgen	*Adv.*
соревнова́ние	Wettkampf	*Pl.*; Соревнова́ния по гимна́стике бу́дут за́втра.
по	in	*mit D.*; соревнова́ния по футбо́лу, смотре́ть фильм по телеви́зору
насто́льный	Tisch-	насто́льный те́ннис
зна́чит	also, das heißt	
кома́нда	Mannschaft	
роди́тели	Eltern	*Pl.*; Мои́ роди́тели сего́дня иду́т в теа́тр.

мой	meine	*Pl.*; мой роди́тели
твой	deine	*Pl.*; твой друзья́
ремо́нт	Reparatur, Renovierung	де́лать ремо́нт
уме́ть	können, imstande sein	(*ср.* мочь) Я не уме́ю игра́ть в те́ннис. *но:* Я не могу́ сейча́с игра́ть в те́ннис, у меня́ нет вре́мени.
гото́вить	kochen, zubereiten; vorbereiten	что? *А.*; я гото́влю, ты гото́вишь; Ма́ма гото́вит обе́д.
ра́зве	etwa, denn	Ра́зве ты уме́ешь игра́ть в гандбо́л?
да́же	sogar	
собира́ть	sammeln	что? *А.*; собира́ть ма́рки
реце́пт	Rezept	
молоде́ц	Prachtkerl	Ты молоде́ц! Молоде́ц, Анто́н!
гимна́стика	Gymnastik	
все	alle	

Б

дорого́й	lieb, wert; teuer	Дорого́й Бори́с! Дорога́я Ни́на! Дороги́е друзья́!
ма́ло	wenig	ма́ло вре́мени
позади́	vergangen, vorbei	*Adv.*
план	Plan	Каки́е у тебя́ пла́ны на ве́чер?
хоте́ть	wollen, mögen	я хочу́, ты хо́чешь; мы хоти́м, вы хоти́те, они́ хотя́т; Хо́чешь смотре́ть телеви́зор? – Нет, не хочу́.
конча́ть	beenden	что? *А.*; конча́ть трениро́вку
ко́нчить		*v. zu* конча́ть
уче́бный	Schul-	уче́бный год (*ср.* учи́ть)
уче́бник	Schulbuch, Lehrbuch	(*ср.* уче́бный) уче́бник матема́тики
за	an, hinter, bei	*mit I.*; за столо́м, за за́втраком, сиде́ть за уче́бниками
поэ́тому	deshalb, deswegen	Пётр лю́бит игра́ть в футбо́л, поэ́тому он ча́сто хо́дит на стадио́н.
ско́ро	bald	*Adv.*
кани́кулы	Ferien	*Pl.*
ле́том	im Sommer	*Adv.*
купа́ться	baden	купа́ться в реке́
ло́дка	Boot	ката́ться на ло́дке
лови́ть	fangen	я ловлю́, ты ло́вишь; лови́ть ры́бу
ры́ба	Fisch	
рыболо́в	Angler	(*ср.* ры́ба, лови́ть)
деревенский	Dorf-, dörflich	(*ср.* дере́вня)
клуб	Klub	
хоро́ший	gut	(*ср.* хорошо́) хоро́ший план, хоро́шая подру́га, хоро́шее ме́сто; хоро́шие ребя́та
петь	singen	что? *А.*; я пою́, ты поёшь
пе́сня	Lied	
наро́дный	Volks-	петь наро́дные пе́сни
осо́бенно	besonders	*Adv.*

Поурочный словарь

вечéрний	abendlich, Abend-	(*ср.* вéчер)
звон	Läuten, Ton	
éхать	fahren	кудá? на, в *mit A.*, на чём? *P.*; я éду, ты éдешь; мы éдем; Ина éдет в дерéвню на автóбусе.
поéхать	fahren, losfahren	(*v.*, *ср.* éхать); Мои́ роди́тели поéхали в Нóвгород.
оттýда	von dort, daher	*Adv.* (*ср.* откýда, отсю́да)
откры́тка	Post- (Ansichts-)karte	

В

мóре	Meer, die See	*Pl.* моря́; жить у мóря
Балти́йское мóре	Ostsee	
бéрег	Ufer, Küste	*Pl.* берегá; где? на берегý мóря
мост	Brücke	*Pl.* мосты́; стоя́ть на мостý
чéрез	über, durch	чéрез что? *A.*; мост чéрез рекý

По-русски на уроке

испóльзуй(те)	nutze (nutzt)
задáча	Aufgabe
решéние	Lösung
Реши́(те) задáчу.	Löse (Löst) die Aufgabe.
Закóнчи(те) предложéния.	Ergänze (Ergänzt) die Sätze.

УРОК 8

А

мóжно	man kann	Здесь мóжно купи́ть откры́тки.
посмотрéть/смотрéть	sehen, betrachten, besichtigen	что? *A.*; я посмотрю́, ты посмóтришь
давáй поéдем	los, fahren wir	
продаю́т	man verkauft	Где продаю́т сувени́ры?
типи́чный	typisch	
сувени́р	Souvenir, Andenken	
худóжник	Künstler	
молодóй	jung	
лю́ди	Menschen, Leute	мнóго людéй; *но*: 5 (20, 100 ...) человéк
стихи́	Verse	
купи́ть/покупáть	kaufen	что? *A.*; я куплю́, ты кýпишь
покупáтель	Käufer	
тури́ст	Tourist	
платóк	Tuch	два платкá
альбóм	Album	альбóм с ви́дами Москвы́
вид	Ansicht	откры́тка с ви́дами Смолéнска
прекрáсно	herrlich, schön	
Вот и хорошó!	Das ist gut!	

ПРИЛОЖЕНИЕ

Поурочный словарь

диск	CD-Platte	
пласти́нка	Schallplatte	Где мо́жно купи́ть пласти́нки?
музыка́льный	Musik-	
инструме́нт	Instrument	музыка́льные инструме́нты
матрёшка	Matrjoschka	
значо́к	Abzeichen	два значка́
зе́ркало	Spiegel	
ва́за	Vase	
универма́г	Kaufhaus	

Б

продаве́ц	Verkäufer	говори́ть с продавцо́м
продавщи́ца	Verkäuferin	
нра́виться	gefallen	Мне нра́вится э́та ва́за. Мне нра́вятся э́ти часы́.
э́тот (э́та, э́то; э́ти)	dieser (diese, dieses; diese)	Покажи́те мне э́ту кни́гу, э́тот значо́к.
зелёный	grün	
Ско́лько сто́ит (сто́ят) ...?	Wieviel kostet (kosten) ...?	Ско́лько сто́ит э́та матрёшка? Ско́лько сто́ят э́ти значки́?
рубль	Rubel	оди́н рубль, два рубля́, пять рубле́й
до́рого	teuer	*Adv.* (*ср.* дорого́й); Плато́к сто́ит до́рого.
взять	nehmen	*v.*, что? *A.*; я возьму́, ты возьмёшь
бе́лый	weiß	
чёрный	schwarz	
жёлтый	gelb	
си́ний	(dunkel)blau	
дешёвый	billig	
дёшево	billig	*Adv.*
Плати́те в ка́ссу!	Zahlen Sie an der Kasse!	
де́ньги	Geld	*Pl.*; мно́го, ма́ло де́нег
копе́йка	Kopeke	одна́ копе́йка, две копе́йки, пять копе́ек
не́сколько	einige	не́сколько журна́лов, книг
гуля́ть	spazierengehen	по *mit D.*; я гуля́ю, ты гуля́ешь
разгова́ривать	reden, sich unterhalten	с *mit I.*

В

бы́стро	schnell	*Adv.*
Как бы́стро вре́мя пролете́ло!	Wie schnell die Zeit vergangen ist!	
мне хо́чется	ich möchte	
пить	trinken	Мне хо́чется пить.
есть	essen	
поза́втракать	frühstücken	*v. zu* за́втракать
пообе́дать	Mittag essen	*v. zu* обедать; Пообедаем в ресторане.
поу́жинать	zu Abend essen	*v. zu* у́жинать

Поурочный словарь

пирожо́к	Pirogge *(russisches Gebäck mit verschiedenen Füllungen)*	Где продаю́т пирожки́?
соси́ска	Würstchen	две соси́ски, пять соси́сок
сок	Saft	
моро́женое	Eis	
давно́	längst, seit langem	
попро́бовать/про́бовать	probieren	Я хочу́ попро́бовать пирожки́.
мя́со	Fleisch	пирожки́ с мя́сом
капу́ста	(Weiß-)Kohl	пирожки́ с капу́стой
варе́нье	russische Konfitüre	пирожки́ с варе́ньем
бутербро́д	belegtes Brot, Sandwich	
колбаса́	Wurst	бутербро́д с колбасо́й
сыр	Käse	бутербро́д с сы́ром
икра́	Kaviar	бутербро́д с икро́й
шашлы́к	Schaschlyk	
блины́	Plinsen *(Art flacher Pfannkuchen)*	
ко́ла	Cola	
лимона́д	Limonade, Brause	
квас	Kwas *(spezielles russisches nichtalkoholisches Erfrischungsgetränk)*	
чай	Tee	
кефи́р	Kefir	
молоко́	Milch	
ко́фе	Kaffee	*m.; unveränderlich;* хоро́ший ко́фе
москви́ч	Moskauer	Москвичи́ лю́бят Арба́т.
райо́н го́рода	Stadtteil, Bezirk	
писа́тель	Schriftsteller	
компози́тор	Komponist	
це́рковь	Kirche	*f.*; где? в це́ркви
знамени́тый	berühmt	знамени́тые лю́ди

По-русски на уроке

ре́плика	Erwiderung
Предложи́(те) собесе́днику ...	Schlage (schlagt) deinem (eurem) Gesprächspartner ... vor
Попроси́(те) показа́ть ...	Bitte(t) darum, ... zu zeigen.
Поговори́(те) о том, ...	Sprich (sprecht) darüber, ...

ПРИЛОЖЕНИЕ

Поурочный словарь

УРОК 9

А

предме́т	(Schul-, Unterrichts-)Fach	
иностра́нный	ausländisch, Fremd-	иностра́нный язы́к
литерату́ра	Literatur	ру́сская литерату́ра
легко́: ле[х]ко́	leicht	*Adv.*
нелегко́	nicht leicht	*Adv.*
лёгкий	leicht	лёгкий предме́т
Матема́тика даётся мне легко́ (нелегко́).	Mathematik fällt mir leicht (nicht leicht).	
занима́ться	sich beschäftigen	чем? *I.*; матема́тикой, спо́ртом
постара́ться/ста-ра́ться	sich bemühen, sich anstrengen	
учи́ться	lernen	где? в шко́ле как? хорошо́, пло́хо, непло́хо что де́лать? игра́ть на гита́ре
я влюблён/влюблена́ (по́ уши)	ich bin verliebt (über beide Ohren)	Та́ня по́ уши влюблена́ в Бори́са.
исто́рия	Geschichte	уро́к исто́рии
физкульту́ра	Sport	учи́тель физкульту́ры
фи́зика	Physik	
хи́мия	Chemie	
биоло́гия	Biologie	
геогра́фия	Geographie	
свобо́дное вре́мя	Freizeit	В свобо́дное вре́мя он занима́ется спо́ртом.

Б

спецшко́ла	Spezialschule	
с, со	seit	*mit G.*; с пе́рвого кла́сса, со второ́го кла́сса
гимна́зия	Gymnasium	учи́ться в гимна́зии
пе́рвый	erster	пе́рвый класс, пе́рвая ко́мната; пе́рвые часы́
второ́й	zweiter	
тре́тий	dritter	тре́тий уро́к, тре́тья ко́мната, тре́тье ме́сто
четвёртый	vierter	
пя́тый	fünfter	
шесто́й	sechster	
седьмо́й	siebenter	
восьмо́й	achter	
девя́тый	neunter	
деся́тый	zehnter	
эта́ж	Stockwerk, Etage	жить на второ́м этаже́
обы́чно	gewöhnlich	*Adv.*
тру́дный	schwer, schwierig	тру́дный предме́т

Поурочный словарь

друго́й	anderer	
европе́йский	europäisch	европе́йский язы́к

В

отме́тка	Zensur	отме́тка по матема́тике
едини́ца	Eins	
тро́йка	Drei	
четвёрка	Vier	
пятёрка	Fünf	учи́ться на пятёрки
шестёрка	Sechs	
тепе́рь	jetzt	*Adv.*
я́сно	(es ist) klar	Тепе́рь всё я́сно.
вообще́	im allgemeinen	*Adv.*
неде́ля	Woche	дни неде́ли, раз в неде́лю
понеде́льник	Montag	в понеде́льник, по понеде́льникам
вто́рник	Dienstag	
среда́	Mittwoch	в сре́ду, по среда́м
четве́рг	Donnerstag	в четве́рг, по четверга́м
пя́тница	Freitag	
суббо́та	Sonnabend, Samstag	
расписа́ние уро́ков	Stundenplan	
труд	Arbeit	
вы́бор профе́ссии	Berufswahl	
сре́дняя шко́ла	Mittelschule	учи́ться в сре́дней шко́ле
профессиона́льное учи́лище	Berufsschule	учи́ться в профессиона́льном учи́лище
оконча́ние	Beendigung	по́сле оконча́ния шко́лы
аттеста́т	Abschlußzeugnis	
факультати́в	Wahlfach	

По-русски на уроке

словосочета́ние	Wortgruppe
вста́вь(те)	setze (setzt) ein

УРОК 10

А

день рожде́ния	Geburtstag	С днём рожде́ния!
пра́здновать	feiern	я пра́здную, ты пра́зднуешь
согла́сен	(er ist) einverstanden	она́ согла́сна; мы согла́сны
поду́мать	denken, nachdenken	*v. zu* ду́мать
запо́мнить	sich merken, einprägen	*v.*
пригласи́ть/приглаша́ть	einladen	кого́? *A.*; Бори́са, Та́ню; я приглашу́, ты пригласи́шь
ве́село	lustig	*Adv.* ве́село игра́ть

ПРИЛОЖЕНИЕ

Поурочный словарь

ме́сяц	Monat	
янва́рь	Januar	когда́? пе́рвого января́
февра́ль	Februar	в феврале́
март	März	
апре́ль	April	
май	Mai	когда́? пя́того ма́я
ию́нь	Juni	
ию́ль	Juli	
а́вгуст	August	
сентя́брь	September	когда́? пе́рвого сентября́; в сентябре́
октя́брь	Oktober	в октябре́
ноя́брь	November	в ноябре́
дека́брь	Dezember	в декабре́
оди́ннадцатый	elfter	
двена́дцатый	zwölfter	
трина́дцатый	dreizehnter	
четы́рнадцатый	vierzehnter	
пятна́дцатый	fünfzehnter	
шестна́дцатый	sechzehnter	
семна́дцатый	siebzehnter	
восемна́дцатый	achtzehnter	
девятна́дцатый	neunzehnter	
двадца́тый	zwanzigster	
тридца́тый	dreißigster	
начина́ться	beginnen	уро́к начина́ется, кани́кулы начина́ются
Но́вый год	Neujahr	поздравля́ть с Но́вым го́дом
карнава́л	Karneval, Fasching	
Па́сха	Ostern	На Па́сху мы пое́дем в ...
пасха́льный	Oster-	пасха́льные кани́кулы
ма́йский	Mai-	
Тро́ица	Pfingsten	На Тро́ицу мы пое́дем в ...
конча́ться	enden	уро́к конча́ется, кани́кулы конча́ются
ле́тний	sommerlich, Sommer-	ле́тние кани́кулы
осе́нний	herbstlich, Herbst-	осе́нний день
Рождество́	Weihnachten	
число́	Zahl, Datum	Како́е сего́дня число́?

Б

в го́сти	zu Besuch *(gehen)*	Я люблю́ ходи́ть в го́сти.
прийти́/приходи́ть	kommen	Приходи́ в го́сти!
в гостя́х	zu Besuch *(sein)*	Я была́ в гостя́х у подру́ги.
приглаше́ние	Einladung	
с удово́льствием	mit Vergnügen, gern	
До встре́чи!	Bis zum nächsten Mal!	
Договори́лись!	Abgemacht!	

Поурочный словарь

В

поздра́вить/поздравля́ть	beglückwünschen	кого́? *A.*, тебя́, вас, А́ню, Бори́са; с чем? с *mit I.*, с днём рожде́ния; я поздра́влю, ты поздра́вишь
жела́ть	wünschen	чего́? *G.*; сча́стья кому́? *D.*; тебе́, вам
жела́ть всего́ хоро́шего	alles Gute wünschen	кому́? *D.*
сча́стье	Glück	жела́ть сча́стья
здоро́вье	Gesundheit	жела́ть здоро́вья
успе́х	Erfolg	жела́ть успе́хов
но́ты	Noten *(musikal.)*	
для	für	*mit G.*; цветы́ для ма́мы
та́нцы	Tanzveranstaltung	*Pl.*; ходи́ть на та́нцы
Вот э́то здо́рово!	Das ist sehr gut! Prima!	
за	für	*mit A.*; Спаси́бо за пода́рок!
пра́здник	Feiertag	поздравля́ть с пра́здником
подари́ть/дари́ть	schenken	кому́? *D.*, что? *A.*; я подарю́, ты пода́ришь
ёлка	Fichte, Tanne; Weihnachtsbaum, Neujahrstanne	

По-русски на уроке

произноше́ние	Aussprache	
Поговори́те друг с дру́гом.	Sprecht miteinander.	
Соста́вьте словосочета́ния.	Bildet Wortgruppen.	

УРОК 11

А

Евро́па	Europa	где? в Евро́пе; куда́? в Евро́пу
А́зия	Asien	где? в А́зии
Сиби́рь	Sibirien	*f.* где? в Сиби́ри; ку́да? в Сиби́рь
Да́льний Восто́к	Ferner Osten	где? на Да́льнем Восто́ке
се́вер	Norden	где? на се́вере; ку́да? на се́вер
се́верный	nördlich, Nord-	
юг	Süden	где? на ю́ге
ю́жный	südlich, Süd-	
за́пад	Westen	где? на за́паде
за́падный	westlich, West-	
восто́к	Osten	где? на восто́ке
восто́чный	östlich, Ost-	

ПРИЛОЖЕНИЕ

Поурочный словарь

регио́н	Region, Gebiet	
часть	Teil	*f.*; пе́рвая часть, в европе́йской ча́сти све́та
не́которые	einige	
высо́кий	hoch	высо́кие го́ры
о́зеро	der See	о́зеро Байка́л, Ла́дожское о́зеро
гора́	Berg	*Pl.* го́ры; Ура́льские го́ры
располо́жен, -а, -о; -ы	liegt	Москва́ располо́жена на реке́ Москве́. Ки́ев располо́жен на Днепре́.
контине́нт	Kontinent	
грани́ца	Grenze	
ме́жду	zwischen	*mit I.*; грани́ца ме́жду Евро́пой и А́зией
проходи́ть	verlaufen, führen	Грани́ца прохо́дит по реке́.
океа́н	Ozean	
Ти́хий океа́н	Stiller Ozean	
киломе́тр	Kilometer	
Чёрное мо́ре	Schwarzes Meer	
входи́ть	eingehen, gehören zu	во что? в *mit A.*; В Росси́ю вхо́дят ...
террито́рия	Territorium	где? на террито́рии
наприме́р	zum Beispiel	
огро́мный	riesig, gewaltig	огро́мная страна́
страна́	Land	
две́сти	zweihundert	
три́ста	dreihundert	
четы́реста	vierhundert	
пятьсо́т	fünfhundert	
шестьсо́т	sechshundert	
семьсо́т	siebenhundert	
восемьсо́т	achthundert	
девятьсо́т	neunhundert	
ты́сяча	tausend	
миллио́н	Million	
длина́	Länge	длина́ реки́
приблизи́тельно	etwa, ungefähr	*Adv.*
собо́р	Dom, Kathedrale	
родно́й	heimatlich, Heimat-	родно́й го́род, родна́я дере́вня
Дуна́й	Donau	

Б

ро́дственник	Verwandter	
роди́ться	geboren werden	он роди́лся, она́ родила́сь; они́ роди́лись
осно́ван, -а, -о; -ы	gegründet	Го́род был осно́ван в XII ве́ке.
достопримеча́тельность	Sehenswürdigkeit	*f.*; достопримеча́тельности го́рода
е́здить	fahren *(nicht nur in eine Richtung)*	я е́зжу, ты е́здишь

Поурочный словарь

во вре́мя	während	*mit G.*; во вре́мя кани́кул
про́шлый	vergangen	в про́шлом году́, на про́шлой неде́ле
туда́	dorthin	*Adv.*
архитекту́рный	Architektur-	архитекту́рный па́мятник

Б

сороково́й	vierzigster	
пятидеся́тый	fünfzigster	
шестидеся́тый	sechzigster	
семидеся́тый	siebzigster	
восьмидеся́тый	achtzigster	
девяно́стый	neunzigster	
со́тый	hundertster	
умере́ть	sterben	*v.*; он у́мер, она́ умерла́; они́ у́мерли

По-русски на уроке

назови́(те)	nenne (nennt)	

УРОК 12

А

увлека́ться	sich begeistern für	чем? *I.*; Ребя́та увлека́ются теа́тром (му́зыкой).
совреме́нный	modern	(*ср.* вре́мя) совреме́нная му́зыка
наве́рно	wahrscheinlich	В воскресе́нье мы, наве́рно, пое́дем в дере́вню.
интересова́ться	sich interessieren für	(*ср.* интере́сный) чем? *I.*; я интересу́юсь, ты интересу́ешься; Он интересова́лся те́хникой.
по-мо́ему	meiner Meinung nach	(*ср.* мой)
по-тво́ему	deiner Meinung nach	(*ср.* твой); По-тво́ему, Ви́ктор хорошо́ говори́т по-не́мецки? – По-мо́ему, о́чень хорошо́.
хо́бби	Hobby	*n., unveränderlich;* Како́е у тебя́ хо́бби?
те́хника	Technik	интересова́ться те́хникой
мастери́ть	basteln	что? *A.*
сфотографи́ровать/фотографи́ровать	fotografieren	(*ср.* фотогра́фия) кого́?, что? *A.*; я фотографи́рую, ты фотографи́руешь; Она́ сфотографи́ровала И́ру на Кра́сной пло́щади.
кро́ме того́	außerdem	Ми́ла интересу́ется спо́ртом и му́зыкой. Кро́ме того́, она́ интересу́ется фотогра́фией.
мо́жет быть	vielleicht	(*ср.* мочь) Мо́жет быть, в воскресе́нье мы пое́дем в лес, а мо́жет быть, пойдём в зоопа́рк.
ка́жется	es scheint	В суббо́ту в клу́бе бу́дет дискоте́ка? – Ка́жется, бу́дет.
встре́титься/встреча́ться	sich treffen	(*ср.* встре́тить/ встреча́ть) с кем? с *mit I.*; я встре́чусь, ты встре́тишься; На у́лице Ни́на встре́тилась с Ли́дой.

ПРИЛОЖЕНИЕ

Поурочный словарь

встре́ча	Begegnung	В Москве́ у Ка́трин бы́ло мно́го интере́сных встреч.
увлече́ние	Begeisterung	(*ср.* увлека́ться); *P.Sg.* (об) увлече́нии; *N.Pl.* увлече́ния; *G.Pl.* увлече́ний
интере́с	Interesse	(*ср.* интере́сный) Каки́е у вас интере́сы?
та́нец	Tanz	*N.Pl.* та́нцы, *G.Pl.* та́нцев; Сего́дня в клу́бе та́нцы (нет та́нцев).
рабо́та	Arbeit	(*ср.* рабо́тать) У него́ нет рабо́ты.
путеше́ствие	Reise	*P.Sg.* (о) путеше́ствии; *N.Pl.* путеше́ствия, *G.Pl.* путеше́ствий
путеше́ствовать	reisen	я путеше́ствую, ты путеше́ствуешь; путеше́ствовать по стране́; Мы лю́бим путеше́ствовать.
компью́терный	Computer-	(*ср.* компью́тер); компью́терная те́хника

Б

ра́ньше	früher	*Adv.*
бо́льше	mehr	(*Komparativ von* мно́го) Ра́ньше Мари́на дружи́ла с Фе́ликсом, а тепе́рь бо́льше не дру́жит.
о́бщий	gemeinsam	о́бщие интере́сы
положи́ться	sich verlassen auf	*v.*; на кого́? на *mit A.*; На Бори́са мо́жно положи́ться.
краси́во	schön	*Adv.*
серьёзный	ernst, ernsthaft	серьёзный челове́к
серьёзно	ernst, ernsthaft	*Adv.* говори́ть серьёзно
сли́шком	zu, zu viel, zu sehr	Ральф сли́шком серьёзный. Он рабо́тает сли́шком серьёзно.
болта́ть	schwatzen	Га́ля и Ве́ра лю́бят болта́ть на уро́ках.
всем	allen	(*ср.* все) кому́? *D.*; подари́ть всем цветы́
рассказа́ть/расска́зывать	erzählen	(*ср.* сказа́ть *v.*) кому́? *D.*, о ком? о чём? о *mit P.*; я расскажу́, ты расска́жешь; И́ра рассказа́ла Га́ле об Анто́не.
пра́вда	Wahrheit, (das ist) wahr	Э́то (не) пра́вда?
просто́й	einfach	просто́й вопро́с
про́сто	(es ist) einfach	*Adv.* говори́ть про́сто
до́брый	gut, gütig	до́брая учи́тельница, до́брое у́тро
обо всём	über alles	(*ср.* всё)
отли́чный	ausgezeichnet	отли́чная отме́тка
отли́чно	ausgezeichnet	*Adv.* учи́ться отли́чно
плохо́й	schlecht	(*ср.* пло́хо) плоха́я отме́тка
стара́тельный	fleißig, sorgfältig	(*ср.* стара́ться) стара́тельный учени́к
стара́тельно	fleißig, sorgfältig	*Adv.* стара́тельно учи́ться
прямо́й	offen, direkt	(*ср.* пря́мо) прямо́й челове́к

По-русски на уроке

Расскажи́(те) ко́ротко о ...	Erzähle (Erzählt) kurz über ...!

ANHANG

Поурочный словарь

УРОК 13

А

сосно́вый	Kiefern-	(*ср.* сосна́)
лес	Wald	где? в лесу́; сосно́вый лес
назва́ние	Bezeichnung, Benennung	(*ср.* называ́ется) назва́ние дере́вни, го́рода
его́	sein(e)	*Possessivpronomen, m.*
её	ihr(e)	*Possessivpronomen, f.*
их	ihr(e)	*Possessivpronomen, Pl.;* Роди́тели И́ры и Макси́ма – это их роди́тели.
свой	sein, ihr	И́ра и Макси́м бы́ли в дере́вне со свои́ми роди́телями.
деревя́нный	hölzern, Holz-	(*ср.* де́рево) деревя́нный дом
огоро́д	Gemüsegarten	рабо́тать в огоро́де
расти́	wachsen	растёт, расту́т; *Prät.* рос, росла́; росли́; Что растёт в огоро́де?
фру́кты	Früchte, Obst	*Pl.; G.Pl.* фру́ктов
я́годы	Beeren	*Pl.; N.Sg.* я́года; *G.Pl.* я́год
о́вощи	Gemüse	*Pl.; G. Pl.* овоще́й; В саду́ мно́го фру́ктов и овоще́й.
ры́нок	Markt	где? на ры́нке
охо́та	Jagd	ходи́ть на охо́ту; быть на охо́те
хозя́ин	Hausherr, Besitzer	*Pl.* хозя́ева
хозя́йка	Hausherrin, Besitzerin	
де́рево	Baum	(*ср.* деревя́нный) *Pl.* дере́вья, *G.Pl.* дере́вьев

Б

так	so	как? так интере́сно, так краси́во; Мне здесь так нра́вится!
прие́хать/приезжа́ть	ankommen	(*ср.* е́хать – е́здить) я прие́ду, ты прие́дешь; Катрин прие́хала в дере́вню в ию́ле.
приезжа́й(те)	komm(t, kommen Sie)	*Imp. zu* приезжа́ть; Приезжа́йте к нам в го́сти.
пого́да	Wetter	хоро́шая, плоха́я пого́да
жа́ркий	heiß	Сего́дня жа́ркий день. Кака́я жа́ркая пого́да!
жа́рко	(es ist) heiß	*Adv.* Мне жа́рко. Сего́дня жа́рко.
загора́ть	sich sonnen	Ле́том Кла́ва и Ми́тя лю́бят купа́ться и загора́ть.
то́чно	genau, ordentlich	*Adv.* Он рабо́тает то́чно.
весна́	Frühling	
весно́й	im Frühling	Весно́й в саду́ пе́рвые цветы́.
весе́нний	Frühlings-	(-яя, -ее; -ие) Мне нра́вятся весе́нние цветы́.
зима́	Winter	
зи́мний	Winter-	зи́мние кани́кулы
зимо́й	im Winter	(*ср.* зима́, зи́мний)
обяза́тельно	unbedingt	*Adv.*
снег	Schnee	Идёт снег. Зимо́й лежи́т снег. Как мно́го сне́га!
снежки́	Schneebälle	(*ср.* снег) *Pl.*; игра́ть в снежки́

ПРИЛОЖЕНИЕ

Поурочный словарь

лыжи	Skier	*Pl.*; ката́ться на лы́жах
са́нки	Schlitten	*Pl.*; ката́ться на са́нках
о́сень	Herbst	*f.*; В сентябре́ начина́ется о́сень.
о́сенью	im Herbst	О́сенью ча́сто плоха́я пого́да.
ле́то	Sommer	(*ср.* ле́том, ле́тний) Ско́ро ле́то.
карти́на	Bild	(*ср.* ка́рта) карти́на худо́жника; На карти́не лес.
Ну, что ты!	Wo denkst du hin?	Тебе́ жа́рко? – Ну, что ты! Мне не жа́рко.
холо́дный	kalt	Зи́мний день холо́дный.
хо́лодно	(es ist) kalt	*Adv.* В до́ме хо́лодно.
дождь	Regen	*m., G. Sg.* дождя́. Идёт холо́дный дождь. За́втра бу́дет дождь и́ли не бу́дет дождя́?
тёплый	warm	Весно́й ча́сто тёплая пого́да.
тепло́	(es ist) warm	*Adv.* Весно́й тепло́.
ску́чный [шн]	langweilig	ску́чная кни́га
ску́чно [шн]	(es ist) langweilig	*Adv.*
наконе́ц	endlich, zum Schluß	(*ср.* ко́нчить) Когда́ наконе́ц бу́дут ле́тние кани́кулы?

В

слы́шать	hören *(im Sinne von* wahrnehmen, vernehmen)	кого́?, что? *A.*; я слы́шу, ты слы́шишь; И́ра не слы́шала что сказа́ли по ра́дио о пого́де. *но:* Она́ слу́шала ра́дио, а ду́мала о друго́м.
прогно́з	Vorhersage	прогно́з пого́ды на за́втра, на воскресе́нье
но́чью	nachts	*Adv.* Но́чью бу́дет дождь.
ночь	Nacht	*f.*; День был жа́ркий, а ночь холо́дная.
гроза́	Gewitter	*Pl.* гро́зы; У́тром бу́дет гроза́.
си́льный	stark	си́льный дождь, си́льная гроза́
температу́ра	Temperatur	температу́ра днём; температу́ра но́чью
во́здух	Luft	
гра́дус	Grad	два гра́дуса, пять гра́дусов моро́за
сла́бый	leicht, schwach	сла́бый (небольшо́й) ве́тер, дождь
ве́тер	Wind	*G.Sg.* ве́тра; Сего́дня нет ве́тра.

Г

по́езд	Zug	е́хать (е́здить) на по́езде
райо́нный центр	Kreisstadt	(*ср.* райо́н); жить в райо́нном це́нтре

По-русски на уроке

Что вы узна́ли из те́кста?	Was habt ihr aus dem Text erfahren?
Найди́(те) соотве́тствующие предложе́ния.	Finde(t) die entsprechenden Sätze!

ANHANG

Поурочный словарь

УРОК 1-4

А

наза́д	vor, zurückliegend; zurück	когда́? *А.*; три неде́ли наза́д; Мы бы́ли в Сиби́ри год наза́д.
че́рез	in, nach *(zeitlich)*	когда́? *А.*; Че́рез год Катрин пое́дет в Сиби́рь.
вокза́л	Bahnhof	где? на вокза́ле; И́ра встреча́ла Катрин на вокза́ле.
после́дний	letzter	(-яя, -ее; -ие) Когда́ ты после́дний раз был в кино́? – Три дня наза́д.
сле́дующий	nächster	(-ая, -ее; -ие) когда́? в сле́дующем году́, на сле́дующей неде́ле
никогда́	niemals, nie	Он никогда́ не лета́л на самолёте.
лете́ть	fliegen *(in einer Richtung)*	я лечу́, ты лети́шь; лете́ть в Москву́, к друзья́м; Самолёт лети́т в Москву́.
лета́ть	fliegen *(nicht nur in einer Richtung)*	И́ра уже не́сколько раз лета́ла на самолёте.
самолёт	Flugzeug	(*ср.* лете́ть – лета́ть) лете́ть (лета́ть) на самолёте
посове́товать/сове́товать	raten, empfehlen	я сове́тую, ты сове́туешь; Сове́тую вам лете́ть на самолёте.
обра́тно	zurück	*Adv.* куда́? туда́ и обра́тно; Обра́тно мы лете́ли на самолёте.
транссиби́рский	transsibirisch	(*ср.* Сиби́рь)
желе́зная доро́га	Eisenbahn	
Транссиби́рская желе́зная доро́га	Transsibirische Eisenbahn	е́хать на по́езде по Транссиби́рской желе́зной доро́ге
пое́здка	Reise	(*ср.* е́здить), *G.Pl.* пое́здок; Э́то была́ интере́сная пое́здка.
похо́д	Wanderung, Exkursion	(*ср.* ходи́ть); похо́д на о́зеро; ходи́ть в похо́д; е́здить в похо́д на велосипе́дах
тайга́	Taiga	где? в тайге́
действи́тельно	wirklich	*Adv.*
пешко́м	zu Fuß	*Adv.* как? идти́ (ходи́ть) пешко́м
полёт	Flug	(*ср.* лететь – летать); Полёт начался́ в 14 часо́в.
земля́	Erde; Land	
федера́льный	Bundes-	федера́льная земля́

По-русски на уроке

Объясни́(те) употребле́ние ...	Erkläre (Erklärt) den Gebrauch von ...!	

ПРИЛОЖЕНИЕ

Konsonanten

Stimmhafte und stimmlose Konsonanten

1

stimmhaft:	б в г д ж з	л м н р й	
stimmlos:	п ф к т ш с		ц ч щ х

Die Stimmangleichung

2 Innerhalb eines Wortes werden stimmhafte Konsonanten vor stimmlosen stimmlos, z. B.:
за́втра – за́[ф]тра, двена́дцать – двена́[т]цать.
Zum Unterschied vom Deutschen werden stimmlose Konsonanten vor stimmhaften (außer в) stimmhaft, z. B.:
футбо́л – фу[д]бо́л, сде́лать – [з]де́лать, aber: твой – [т]вой.

3 Beim Aufeinanderstoßen eines stimmlosen und eines stimmhaften Konsonanten innerhalb der Wortgruppe gilt ebenfalls die Regel von der Stimmangleichung, z. B.:
в‿кла́ссе – [ф]кла́ссе, из‿кла́сса – и[с]кла́сса, с‿бра́том – [з]бра́том.

Harte und weiche Konsonanten

4 Die meisten russischen Konsonanten können sowohl hart als auch weich gesprochen werden.

hart:	п б ф в т д с з м н л р к г х	ц ш ж	
weich:	п′ б′ ф′ в′ т′ д′ с′ з′ м′ н′ л′ р′ к′ г′ х′		ч′ щ′ й′

Die Weichheit eines Konsonanten wird schriftlich durch nachfolgende weiche Vokalbuchstaben я ё ю е и oder ein ь gekennzeichnet, z. B.:
Та́**н**я, **т**е**б**я́, **т**е**л**ефо́н, **п**я**т**ь, **д**е́**с**я**т**ь.

5 Die Konsonanten ж, ш, ц sind immer hart, z. B.: жира́ф, говори́шь.
Die Konsonanten ч, щ sind immer weich, z. B.: час, учи́тель, ещё.

Vokale

Betonte Vokale

6 Russische betonte Vokale werden deutlich ausgesprochen und haben eine mittlere Länge.
Die fünf betonten Vokale [а], [о], [у], [э] und [ы] werden in der Schrift durch zehn Buchstaben wiedergegeben:

sogenannte harte Vokalbuchstaben:	а	о	у	э	ы
sogenannte weiche Vokalbuchstaben:	я	ё	ю	е	и

Грамматический справочник

7 Weiche Vokalbuchstaben nach einem Konsonanten zeigen an, daß dieser weich ausgesprochen wird (↗ **4**), z. B.:
пять – [п'а]ть, Лю́ба – [л'у]ба, Пётр – [п'о]тр, нет – [н'е]т, Ни́на – [н'и]на.
Nach Vokal und am Wortanfang geben die weichen Vokalbuchstaben (außer и) die Verbindung й + Vokal wieder, z. B.:
Ю́ля – [йу]ля, моя́ – мо[йа], aber: И́на – [и]на.

Unbetonte Vokale

8 Aussprache der unbetonten а und о:
unmittelbar vor der betonten Silbe als kurzes [а̯]: спаси́бо – сп[а̯]си́бо, Бори́с – Б[а̯]ри́с,
in allen anderen Silben als sehr kurzes [ə̯]: ка́рта – ка́рт[ə̯], э́то – э́т[ə̯], крокоди́л – кр[ə̯]к[а̯]ди́л.

9 Aussprache der unbetonten е und я:
unmittelbar vor der betonten Silbe als kurzes [и̯ᵉ]: ребя́та – р[и̯ᵉ]бя́та, лежа́ть – л[и̯ᵉ]жа́ть,
in allen anderen Silben als sehr kurzes [и̯]: де́вять – де́в[и̯]ть, рестора́н – р[и̯]стора́н.

Aussprache einiger Vokale nach Zischlauten

10 Nach ж, ш und ц wird anstelle von и ein [ы] gesprochen: жира́ф – ж[ы̯]ра́ф.

11 Nach ч wird anstelle von unbetontem а ein [и̯ᵉ] gesprochen: часы́ – ч[и̯ᵉ]сы́.

Wortbindung

12 Im Russischen werden mehrere Wörter zusammenhängend, d. h. wie ein Wort, gesprochen. Das gilt vor allem für die Wortgruppen „Präposition + folgendes Wort", „не + folgendes Wort", „кто, что, это + folgendes Wort", z. B.:
на‿столе́, в‿су́мке, не‿моя́‿кни́га, не‿уме́ет ката́ться; Кто‿э́то? Что‿э́то? Э́то‿Ни́на?

Schreibregeln

13 Substantive – außer Eigennamen – werden im Russischen klein geschrieben.

14 Nach г, к, х und Zischlauten (ж, ш, ч, щ) wird stets и (nicht ы) geschrieben, z. B.:
У Ни́ны нет подру́**ги**. На столе́ лежа́т ру́ч**ки** и каранда**ши́**.

15 Nach Zischlauten (ж, ш, ч, щ) und ц wird in betonter Silbe ein о, in unbetonter Silbe ein е geschrieben, z. B.:
говори́ть с учи́тельни**цей** и с Ма́**шей**, писа́ть каранда**шо́м**.

Das Verb

Der Aspekt

16 Russische Verben werden nach dem Aspekt unterschieden, das heißt nach der unterschiedlichen Betrachtungsweise des Handlungsablaufs.
Einem deutschen Verb entsprechen im Russischen meist zwei Verben, die dieselbe Grundbedeutung haben, z. B.:
tun, machen – сде́лать und де́лать.
сде́лать ist ein Verb des vollendeten Aspekts (v.), де́лать ein Verb des unvollendeten Aspekts (uv.). Die Verben сде́лать/де́лать bilden ein Aspektpaar.

17 Die Verben des vollendeten Aspekts heben häufig das *Ergebnis der Handlung* und/oder ihre *Einmaligkeit* hervor.
Die Verben des unvollendeten Aspekts bezeichnen häufig den *Verlauf einer Handlung* oder ihre *Mehrmaligkeit*.

Vergleiche z. B.:

deutsche Bedeutung	v. Verb/uv. Verb
schreiben	написа́ть/писа́ть
lesen	прочита́ть/чита́ть
malen, zeichnen	нарисова́ть/рисова́ть
anrufen	позвони́ть/звони́ть
lernen	вы́учить/учи́ть
tun, machen	сде́лать/де́лать
fragen	спроси́ть/спра́шивать
antworten	отве́тить/отвеча́ть
bekommen, erhalten	получи́ть/получа́ть
sagen	сказа́ть/говори́ть

18 Beispiele für den Gebrauch der Verbalaspekte

vollendete Verben	unvollendete Verben
Abschluß, Ergebnis einer Handlung:	*Verlauf einer Handlung:*
Вчера́ И́ра написа́ла два письма́.	Вчера́ И́ра смотре́ла телеви́зор и писа́ла пи́сьма.
– Ты уже́ все уро́ки сде́лала, Та́ня? – Да, все.	Мы с Ка́тей сего́дня два часа́ де́лали уро́ки.
Eine *Einzelhandlung:*	Eine *sich wiederholende Handlung* (häufig mit Adverbialbestimmungen wie ча́сто, всегда́, иногда́, ка́ждый день):
Ве́чером Зо́я позвони́ла Та́не.	Ле́том Зо́я ка́ждый день звони́ла Та́не.

Грамматический справочник

Die Verben der Fortbewegung

19 Es gibt im Russischen einige unvollendete Verbpaare, die eine Fortbewegung ausdrücken, z. B.:
gehen, kommen – идти́ und ходи́ть.
идти́ ist ein bestimmtes Verb, ходи́ть ein unbestimmtes Verb.

20 Die bestimmten Verben bezeichnen eine Fortbewegung *nur in einer → Richtung*, die unbestimmten Verben eine Fortbewegung *nicht nur in einer ⇄ Richtung.*

Zu den Verben der Fortbewegung gehören z. B.:

deutsche Bedeutung	bestimmtes Verb	unbestimmtes Verb
gehen, kommen	идти́	ходи́ть
fahren, reisen	е́хать	е́здить
fliegen	лете́ть	лета́ть

21 Beispiele für den Gebrauch der Verben der Fortbewegung

bestimmte Verben
⟶
Куда́ ты идёшь? – На стадио́н.
Мы е́хали в Новосиби́рск 4 часа́.

unbestimmte Verben
⟷
Ма́льчик ча́сто хо́дит на стадио́н.
В про́шлом году́ мы е́здили в Но́вгород.
(= ... мы бы́ли в Но́вгороде).

Der Infinitiv

22 Kennzeichen des Infinitivs vollendeter und unvollendeter Verben ist -ть, z. B.:
чита́ть, прочита́ть v., звони́ть, позвони́ть v.
Beachte die Infinitive идти́ und мочь.

Die Stämme des Verbs

Man unterscheidet den Infinitivstamm und den Präsensstamm eines Verbs.

23 Den *Infinitivstamm* erhält man, wenn man vom Infinitiv ть (-ти) abstreicht, z. B.:

Infinitiv:	чита́ть	говори́ть
Infinitivstamm:	чита-	говори-

24 Den *Präsensstamm* erhält man, wenn man von der 3. Person Plural des Präsens die Endung -ют, -ут oder -ят, -ат abstreicht, z. B.:

Infinitiv:	чита́ть	говори́ть
3. Pers. Pl. Präs.:	чита́ют	говоря́т
Präsensstamm:	чита-	говор-

Грамматический справочник

Das Präsens

25 Man unterscheidet im Präsens zwei Arten der Konjugation der Verben: die *e-Konjugation* (nach dem Kennvokal -е- in den Konjugationsendungen) und die *и-Konjugation* (nach dem Kennvokal -и- in den Konjugationsendungen).

e-Konjugation

26 Infinitiv: чита́ть жить

Zahl	Person	Betonung auf Stamm	Betonung auf Endung
Sg.	1. я	чита́ ю	жив**у́**
	2. ты	чита́ ешь	жив**ёшь**
	3. он, она́	чита́ ет	жив**ёт**
Pl.	1. мы	чита́ ем	жив**ём**
	2. вы	чита́ ете	жив**ёте**
	3. они́	чита́ ют	жив**у́т**

-у, -ут bei Stammauslaut auf harten Konsonanten:
е́хать – я е́д**у**, ты е́дешь, ... они́ е́д**ут**; идти́ – я ид**у́**, ты идёшь, ... они́ ид**у́т**

27 Regelmäßig werden viele Verben auf -ать, -ять, -еть konjugiert, z. B.:

игра́ть	– я игра́ю,	ты игра́ешь, ...	они́ игра́ют
гуля́ть	– я гуля́ю,	ты гуля́ешь, ...	они́ гуля́ют
уме́ть	– я уме́ю,	ты уме́ешь, ...	они́ уме́ют

28 Beachte die Konjugation der Verben auf -овать, -евать:

рисова́ть	– я рису́ю,	ты рису́ешь, ...	они́ рису́ют
танцева́ть	– я танцу́ю,	ты танцу́ешь, ...	они́ танцу́ют
интересова́ться	– я интересу́юсь,	ты интересу́ешься, ...	они́ интересу́ются

и-Konjugation

29 Infinitiv: говори́ть

Zahl	Person	
Sg.	1. я	говор ю
	2. ты	говор и́шь
	3. он, она́	говор и́т
Pl.	1. мы	говор и́м
	2. вы	говор и́те
	3. они́	говор я́т

-у, -ат bei Stammauslaut auf Zischlaut:
дружи́ть – я друж**у́**, ты дру́жишь, ... они́ дру́ж**ат**

Грамматический справочник

30 Regelmäßig werden die meisten Verben auf -ить konjugiert.
Beachte den Konsonantenwechsel in der 1. Person Singular:

люби́ть	– я люб**л**ю́, ты лю́бишь	ходи́ть	– я хо**ж**у́, ты хо́дишь
купи́ть v.	– я куп**л**ю́, ты ку́пишь	проводи́ть	– я прово**ж**у́, ты прово́дишь
		е́здить	– я е́з**ж**у, ты е́здишь

Das Futur

31 Die Formen des Futurs *vollendeter* Verben werden wie die Präsensformen unvollendeter Verben gebildet (↗ **25**).

32 Die Formen des Futurs *unvollendeter* Verben werden aus dem Futur des Hilfsverbs быть und dem Infinitiv der unvollendeten Verben gebildet.

Infinitiv: прочита́ть v. чита́ть

Zahl	Person	v.	uv.
Sg.	1. я	прочита́ ю	бу́ду чита́ ть
	2. ты	прочита́ ешь	бу́дешь чита́ ть
	3. он, она́	прочита́ ет	бу́дет чита́ ть
Pl.	1. мы	прочита́ ем	бу́дем чита́ ть
	2. вы	прочита́ ете	бу́дете чита́ ть
	3. они́	прочита́ ют	бу́дут чита́ ть

Das Präteritum

33 Die Formen des Präteritums der vollendeten und unvollendeten Verben werden durch Anfügen von -л, -ла, -ло; -ли an den Infinitivstamm gebildet.

Infinitiv: чита́ть

Zahl	Genus		
Sg.	m.	я, ты, он	чита́ л
	f.	я, ты, она́	чита́ ла
	n.	оно́	чита́ ло
Pl.		мы, вы, они́	чита́ ли

34 Beachte das Präteritum von
идти́: шёл, шла, шло; шли
мочь: мог, могла́, могло́; могли́
умере́ть v.: у́мер, умерла́, у́мерло; у́мерли

35 Beachte den Betonungswechsel in der femininen Singularform
быть: был, была́, бы́ло; бы́ли
ждать: ждал, ждала́, ждáло; ждáли
дать v.: дал, дала́, да́ло; да́ли
жить: жил, жила́, жи́ло; жи́ли

ПРИЛОЖЕНИЕ

Грамматический справочник

Der Imperativ

36 Die Form des Imperativs *Singular* vollendeter und unvollendeter Verben wird durch Anfügen von -й oder -и an den Präsensstamm gebildet.
Der *Plural* wird durch Anfügen von -те an den Imperativ Singular gebildet.

Infinitiv:	чита́ть (они́ чита́-ют)	говори́ть (они́ говор-я́т)

Zahl	Präsensstamm auf Vokal	auf Konsonant[1]
Sg.	чита́ й!	говор и́!
Pl.	чита́ йте!	говор и́те!

Ebenso:	гуля́ть:	гуля́й(те)!	извини́ть v.:	извини́(те)!
	рисова́ть:	рису́й(те)!	сказа́ть v.:	скажи́(те)!
			идти́:	иди́(те)!

[1] Beachte den Imperativ einiger Verben auf -ь(те) mit Stammbetonung:
отве́тить v.: отве́ть(те)!

37 Die 1. Person Plural des Futurs vollendeter Verben drückt die Forderung des Sprechers aus, die Handlung gemeinsam auszuführen:

Пойдём в теа́тр.	Laß uns ins Theater gehen!

Durch дава́й, das auch mit dem Infinitiv verbunden werden kann, wird die Aufforderung verstärkt.

Дава́й ку́пим пода́рки.	Laß uns die Geschenke kaufen!
Дава́й игра́ть в те́ннис.	Laß uns Tennis spielen!

Die reflexiven Verben

38 Die reflexiven Verben sind durch -ся (nach Konsonant) oder -сь (nach Vokal) gekennzeichnet.

Infinitiv: занима́ться

Zahl	Person	Präsens	Präteritum
Sg.	1. я	занима́юсь	(m.) (f.)
	2. ты	занима́ешься	занима́лся, занима́лась
	3. он, она́	занима́ется	
Pl.	1. мы	занима́емся	
	2. вы	занима́етесь	занима́лись
	3. они́	занима́ются	

Ebenso: учи́ться – Präs. я учу́сь, ты у́чишься, … они́ у́чатся;
Prät. он учи́лся, она́ учи́лась; они́ учи́лись

39 Reflexive Verben können *nie mit einem direkten Objekt* im Akkusativ verbunden werden!

Грамматический справочник

Wichtige unregelmäßige Verben

40

быть	sein	Fut.	бу́ду, бу́дешь; бу́дут
		Prät.	был, была́, бы́ло; бы́ли
взять v.	nehmen	Fut.	возьму́, возьмёшь; возьму́т
		Prät.	взял, взяла́, взя́ло; взя́ли
ви́деть	sehen		ви́жу, ви́дишь; ви́дят
е́хать	fahren		е́ду, е́дешь; е́дут
пое́хать v.	(los)fahren	Fut.	пое́ду, …
прие́хать v.	ankommen	Fut.	прие́ду, …
ждать	warten		жду, ждёшь; ждут
		Prät.	ждал, ждала́, жда́ло; жда́ли
жить	leben, wohnen		живу́, живёшь; живу́т
		Prät.	жил, жила́, жи́ло; жи́ли
идти́	gehen (in einer Richtung)		иду́, идёшь; иду́т
		Prät.	шёл, шла, шло; шли
пойти́ v.	(los)gehen	Fut.	пойду́, …
		Prät.	пошёл, …
прийти́ v.	ankommen	Fut.	приду́, …
		Prät.	пришёл, …
лежа́ть	liegen		лежу́, лежи́шь; лежа́т
лете́ть	fliegen (in einer Richtung)		лечу́, лети́шь; летя́т
мочь	können		могу́, мо́жешь; мо́гут
		Prät.	мог, могла́, могло́; могли́
мыть	waschen		мо́ю, мо́ешь; мо́ют
петь	singen		пою́, поёшь; пою́т
писа́ть	schreiben		пишу́, пи́шешь; пи́шут
продава́ть	verkaufen		продаю́, продаёшь; продаю́т
рассказа́ть v.	erzählen	Fut.	расскажу́, расска́жешь; расска́жут
расти́	wachsen		растёт; расту́т
		Prät.	рос, росла́, росло́; росли́
сиде́ть	sitzen		сижу́, сиди́шь; сидя́т
сказа́ть v.	sagen	Fut.	скажу́, ска́жешь; ска́жут
смотре́ть	sehen, schauen		смотрю́, смо́тришь; смо́трят
посмотре́ть v.		Fut.	посмотрю́, …
стать v.	werden	Fut.	ста́ну, ста́нешь; ста́нут
стоя́ть	stehen		стою́, стои́шь; стоя́т
умере́ть v.	sterben	Prät.	у́мер, умерла́, у́мерло; у́мерли
хоте́ть	wollen, wünschen		хочу́, хо́чешь, хо́чет; хоти́м, хоти́те, хотя́т
		Prät.	хоте́л

ПРИЛОЖЕНИЕ

Грамматический справочник

Das Substantiv (Das Nomen)

41 Zum Unterschied vom Deutschen gibt es im Russischen *keinen Artikel*; vgl. z. B.:
ма́льчик – der Junge oder: ein Junge oder: Junge
де́вочка – das Mädchen oder: ein Mädchen oder: Mädchen
Ob bei der Übersetzung ins Deutsche der bestimmte, der unbestimmte oder gar kein Artikel zu setzen ist, ergibt sich aus dem Satzzusammenhang.

Das Genus der Substantive

42 Das Genus der Substantive, die Personen bezeichnen, entspricht in der Regel ihrem *natürlichen Geschlecht*, z. B.:
мама, папа, ба́бушка, Анто́н, Ни́на.

43 Das Genus der anderen Substantive erkennt man an deren *Endung im Nominativ Singular*:

Genus	Endung im N.Sg.	
Maskulinum	keine Endung (Auslaut auf Konsonant, -ь, -й)	стол, рубль, музе́й
Femininum	-а, -я, keine Endung (-ь)	ка́рта, неде́ля, пло́щадь
Neutrum	-о, -ё, -е	окно́, мо́ре

Die Deklinationsarten der Substantive

44 Man unterscheidet im Singular drei Hauptarten der Substantivdeklination:

Deklinationstyp	Substantive	
I. Deklination	endungslose Maskulina auf Konsonant, -ь, -й Neutra auf -о, -ё, -е	класс, каранда́ш учи́тель, музе́й сло́во, расписа́ние
II. Deklination	Feminina (und Maskulina, die Personen bezeichnen) auf -а, -я	ка́рта, па́па, неде́ля
III. Deklination	Feminina auf -ь	пло́щадь

45 Je nachdem, ob der Stamm eines Wortes auf einen harten oder auf einen weichen Konsonanten auslautet, werden gleiche Deklinationsendungen *unterschiedlich geschrieben*:

Stammauslaut	mögliche Vokalbuchstaben				
auf harten Konsonanten:	а	у	ы	о	
auf weichen Konsonanten:	я	ю	и	ё (betont)	е (unbetont)

ANHANG

Грамматический справочник

Belebte und unbelebte Substantive

46 Man unterscheidet belebte und unbelebte Substantive.
Belebt sind Substantive, die Personen und Tiere bezeichnen,
z. B.: ма́ма, па́па, брат, ко́шка, живо́тное.
Alle anderen Substantive gelten als *unbelebt*.

Die Deklination der Substantive im Singular

I. Deklination

47

Kasus	m. hart	m. weich	n. hart	n. weich
N.	класс	рубл**ь**	сло́в о	зда́ни**е**
G.	кла́сс а	рубл**я́**	сло́в а	зда́ни**я**
D.	кла́сс у	рубл**ю́**	сло́в у	зда́ни**ю**
A.	wie N./G.[1]		wie N.	
I.	кла́сс ом[2]	рубл**ём**[2]	сло́в ом[2]	зда́ни**ем**[2]
P.	(о) кла́сс е	рубл**е́**	(о) сло́в е	зда́ни**и**

[1] unbelebt wie N., belebt wie G.
[2] nach Zischlauten und ц betont о, unbetont е, z. B.: карандаш**о́м**, ме́сяц**ем**;
nach weichen Konsonanten betont ё, unbetont е, z. B.: рубл**ём**, учи́тел**ем**.

48 Beachte:
Einige unbelebte Substantive der I. Deklination haben im *Präpositiv Singular* nach den Präpositionen в und на die betonte Endung **-у́**, z. B.:
сад – в сад**у́**, бе́рег – на берег**у́**, год – в год**у́**, лес – в лес**у́**, мост – на мост**у́**, порт – в порт**у́**.

II. Deklination

49

Kasus	f. hart	f. weich	
N.	шко́л а	неде́л**я**	фотогра́фи**я**
G.	шко́л ы[1]	неде́л**и**	фотогра́фи**и**
D.	шко́л е	неде́л**е**	фотогра́фи**и**
A.	шко́л у	неде́л**ю**	фотогра́фи**ю**
I.	шко́л ой[2]	неде́л**ей**[2]	фотогра́фи**ей**
P.	(о) шко́л е	неде́л**е**	фотогра́фи**и**

[1] nach г, к, х und Zischlauten и, z. B.: кни́г**и**, ба́бушк**и**.
[2] nach Zischlauten und ц betont о, unbetont е, z. B.: Ма́ш**ей**, учи́тельниц**ей**;
nach weichen Konsonanten betont ё, unbetont е, z. B.: семь**ёй**, тёт**ей**.

III. Deklination (Singular)

50

Kasus	f.
N.	пло́щад ь
G.	пло́щад и
D.	пло́щад и
A.	пло́щад ь
I.	пло́щад ью
P.	(на) пло́щад и

ПРИЛОЖЕНИЕ

Грамматический справочник

Die Deklination der Substantive im Plural

51

N.Sg.:	класс	сло́во	шко́ла	пло́щадь

Kasus	I. Deklination[1] m.	n.	II. Deklination[1]	III. Deklination
N.	кла́сс ы	слов а́	шко́л ы	пло́щад и
G.	кла́сс ов[2]	слов[3]	школ[3]	площад е́й
D.	кла́сс ам	слова́м	шко́лам	площад я́м
A.	wie N./G.[4]			
I.	кла́сс ами	слова́ми	шко́лами	площад я́ми
P.	(о) кла́сс ах	слова́х	(о) шко́лах	(о) площад я́х

[1] nach weichem Konsonanten und г, к, х и statt ы, nach weichem Konsonanten я statt а (↗ **45**), z. B.:

N.	рубли́	зда́ния	неде́ли	фотогра́фии
G.	рубле́й[2]	зда́ний	неде́ль	фотогра́фий
D.	рубля́м	зда́ниям	неде́лям	фотогра́фиям

...

[2] nach Zischlaut und weichem Konsonanten -ей, z. B.:
(мно́го) карандаше́й, (пять) рубле́й.

[3] häufig Einschub eines flüchtigen -о- oder -е- zwischen die beiden Konsonanten im Stammauslaut, z. B.:
окно́ – (мно́го) о́кон, откры́тка – (не́сколько) откры́ток; ру́чка – (ма́ло) ру́чек, копе́йка – (пять) копе́ек.

[4] unbelebt wie N., belebt wie G.

Beachte:

52 Einige maskuline Substantive mit beweglicher Betonung haben im *Nominativ Plural* die betonte Endung **-á, -я́**, z. B.:
го́род – города́, но́мер – номера́, а́дрес – адреса́, ве́чер – вечера́, глаз – глаза́, учи́тель – учителя́.

53 Einige maskuline Substantive haben im Plural *Stammveränderung*, z. B.:
брат – бра́тья, друг – друзья́, стул – сту́лья.

Zur Deklination von Personennamen

54 *Nicht dekliniert* werden:

– weibliche und männliche Vor- und Familiennamen, die auf einen Vokal außer -а, -я ausgehen, z. B.:
Эльке – у Эльке; Дани – у Дани; Хайко Шульце – у Хайко Шульце;

– weibliche Vor- und Familiennamen, die auf einen Konsonanten ausgehen, z. B.:
Катрин – у Катрин; Ивонн – у Ивонн; Зигрид Мюллер – у Зигрид Мюллер.

55 Beachte den *Dativ weiblicher Familiennamen* auf -ова, -ина:
Наде́жда Ива́нова – D. Наде́жде Ива́новой.

ANHANG

Грамматический справочник

Das Adjektiv

56 Die Adjektive stimmen in Genus, Numerus und Kasus mit dem Substantiv überein, auf das sie sich beziehen, z. B.:

	m.	f.	n.
	нόвый дом	стáрая шкόла	интерéсное письмό
endbetont	большόй дом	большáя шкόла	большόе письмό

Die Deklination der Adjektive

57

Kasus	Singular m.		n.	f.	Plural alle Genera
N.	нόв ый[1,3]		нόв ое	нόв ая	нόв ые[3]
G.		нόв ого[2]		нόв ой	нόв ых[3]
D.		нόв ому		нόв ой	нόв ым[3]
A.	wie N./G.		wie N.	нόв ую	wie N./G.
I.		нόв ым[3]		нόв ой	нόв ыми[3]
P.		(о) нόв ом		(о) нόв ой	(о) нόв ых[3]

[1] -ой, wenn die Endung betont ist, z. B.: роднόй, большόй.
[2] sprich г als [в].
[3] nach г, к, х und Zischlauten и, z. B.:
велúкий – I. Sg. (m, n.) велúким; большúм; N. Pl. велúкие, большúе.

58 Nach diesem Muster werden auch die Ordinalia und einige Pronomen dekliniert, z. B.: пя́тая шкόла; какáя погόда.

59 Für Adjektive mit weichem Stammauslaut gelten die gleichen Schreibregeln wie für Substantive mit weichem Stammauslaut (↗ **45**). z. B.:

N.	лéтн**ий**		лéтн**ее**	лéтн**яя**	лéтн**ие**
G.		лéтн**его**		лéтн**ей**	лéтн**их**
A.	wie N./G.		лéтн**ее**	лéтн**юю**	wie N./G.

...

Das Adverb

60 Nach ihrer Bedeutung unterscheidet man:

– Adverbien des *Ortes*
где? слéва – спрáва, здесь – там
кудá? сюдá – тудá
откýда? отсю́да – оттýда
– Adverbien der *Zeit*
когдá? сейчáс, потόм, всегдá, иногдá, сегόдня, вчерá, зáвтра
– Adverbien der *Art und Weise* (von Adjektivstämmen abgeleitet)
как? хорошό, плόхо, прáвильно, интерéсно; по-рýсски, по-немéцки
– Adverbien des *Grundes*
почемý? поэ́тому

Zu den prädikativen Adverbien (Zustandswörtern) ↗ **80**.

ПРИЛОЖЕНИЕ

Грамматический справочник

Das Pronomen

Die Personalpronomen

я – ich, ты – du, он, оно́, она́ – er, es, sie
мы – wir, вы – ihr, Sie (Höflichkeitsform), они́ – sie (Plur.)

Deklination

61

	Singular					Plural		
	1. Pers.	2. Pers.	3. Pers.			1. Pers.	2. Pers.	3. Pers.
N.	я	ты	он	оно́	она́	мы	вы	они́
G.	меня́	тебя́	(н)его́[1,2]		(н)её[2]	нас	вас	(н)их[2]
D.	мне	тебе́	(н)ему́[2]		(н)ей[2]	нам	вам	(н)им[2]
A.	меня́	тебя́	(н)его́[2]		(н)её[2]	нас	вас	(н)их[2]
I.	мной	тобо́й	(н)им[2]		(н)е́ю[2]	на́ми	ва́ми	(н)и́ми[2]
P.	(обо) мне	(о) тебе́	(о) нём		(о) ней	(о) нас	(о) вас	(о) них

[1] sprich г als [в].
[2] Hängt eine Form der 3. Person von einer Präposition ab, so wird dieser Form in der Regel ein н- vorgesetzt, z. B.:
к **н**ему́, с **н**им, у **н**их.

Die Possessivpronomen

мой – mein(e), твой – dein(e)
наш – unser(e), ваш – euer(e), Ihr(e) (Höflichkeitsform)

Deklination

62

	Singular			Plural	Singular			Plural
	m.	n.	f.	alle Genera	m.	n.	f.	alle Genera
N.	мой	моё	моя́	мои́	наш	на́ше	на́ша	на́ши
G.	моего́[1]		мое́й	мои́х	на́шего[1]		на́шей	на́ших
D.	моему́		мое́й	мои́м	на́шему		на́шей	на́шим
A.	wie N./G.[2]	моё	мою́	wie N./G.[2]	wie N./G.[2]	на́ше	на́шу	wie N./G.[2]
I.	мои́м		мое́й	мои́ми	на́шим		на́шей	на́шими
P.	(о) моём		(о) мое́й	(о) мои́х	(о) на́шем		(о) на́шей	(о) на́ших

[1] sprich г als [в].
[2] unbelebt wie N., belebt wie G.

63 Wie мой werden твой und свой, wie наш wird ваш dekliniert.
Die Possessivpronomen его́, её, их sind unveränderlich.

Грамматический справочник

Gebrauch von свой und его, её; их

64 Als Possessivpronomen der 3. Person werden gebraucht:
– die deklinierten Formen von свой – sein(e), ihr(e) oder
– die unveränderlichen Formen
его́ – sein(e) (für ein Maskulinum oder Neutrum)
её – ihr(e) (für ein Femininum)
их – ihr(e) (für ein Substantiv im Plural oder mehrere Substantive).

65 Bezieht sich das Possessivpronomen der 3. Person auf das *Subjekt desselben Satzes*, so wird *свой* verwendet, sonst stets его́, её; их. Vgl. z. B.:

Макси́м был в дере́вне со **свои́м** бра́том.	Maxim war ... mit seinem Bruder.
И́ра была́ в дере́вне со **свое́й** сестро́й.	Ira war ... mit ihrer Schwester.
Ка́трин была́ в дере́вне со **свои́ми** друзья́ми.	Katrin war ... mit ihren Freunden.
Макси́м брат **И́ры**. Он **её** брат.	Maxim ist Iras Bruder. Er ist ihr Bruder.
И́ра сестра́ **Макси́ма**. Она́ **его́** сестра́.	Ira ist Maxims Schwester. Sie ist seine Schwester.
Ка́трин подру́га **И́ры и Макси́ма**. Она́ **их** подру́га.	Katrin ist Iras und Maxims Freundin. Sie ist ihre Freundin.

Die Interrogativpronomen

кто? что? – wer? was?
како́й – welcher? was für ein?
кото́рый – welcher? der wievielte?

66

N.	кто	что
G.	кого́[1]	чего́[1]
D.	кому́	чему́
A.	кого́[1]	что
I.	кем	чем
P.	(о) ком	(о) чём

[1] sprich: ко[в]о́, че[в]о́.

67 Како́й, кото́рый werden wie Adjektive dekliniert (↗ **57**).

Das Demonstrativpronomen

э́тот – dieser

68

	Singular m.	n.	f.	Plural
N.	э́тот	э́то	э́та	э́ти
G.	э́того[1]		э́той	э́тих
D.	э́тому		э́той	э́тим
A.	wie N./G.	э́то	э́ту	wie N./G.
I.	э́тим		э́той	э́тими
P.	(об) э́том		(об) э́той	(об) э́тих

ПРИЛОЖЕНИЕ

Грамматический справочник

Das Numerale

Die Kardinalia (Grundzahlen)

69

0 ноль	10 де́сять	20 два́дцать	200 две́сти
1 оди́н, одна́, одно́	11 оди́ннадцать	30 три́дцать	300 три́ста
2 два, две	12 двена́дцать	40 со́рок	400 четы́реста
3 три	13 трина́дцать	50 пятьдеся́т	500 пятьсо́т
4 четы́ре	14 четы́рнадцать	60 шестьдеся́т	600 шестьсо́т
5 пять	15 пятна́дцать	70 се́мьдесят	700 семьсо́т
6 шесть	16 шестна́дцать	80 во́семьдесят	800 восемьсо́т
7 семь	17 семна́дцать	90 девяно́сто	900 девятьсо́т
8 во́семь	18 восемна́дцать	100 сто	1 000 ты́сяча
9 де́вять	19 девятна́дцать		1 000 000 миллио́н

70

Mehrgliedrige Kardinalia werden – zum Unterschied vom Deutschen – in der Reihenfolge Zehner – Einer gebildet. Sie werden getrennt geschrieben, z. B.:
два́дцать пять, сто со́рок четы́ре.

Rektion (bzw. Kongruenz) der Kardinalia

71

Nach 1 und damit zusammengesetzten Zahlen steht der N. Sg.:
оди́н ма́льчик, одн**а́** де́вочк**а**, одн**о́** письм**о́**, два́дцать одн**а́** кни́г**а**;
nach 2, 3, 4 und damit zusammengesetzten Zahlen steht der G. Sg.:
два письм**а́**, две газе́т**ы**, три журна́л**а**, два́дцать четы́ре до́м**а**;
nach 5 und folgenden Zahlen (außer mit 1–4 zusammengesetzten) steht der G. Pl.:
пять пи́сем, шестна́дцать книг, два́дцать шесть мест.

Merke:
две ты́сячи, пять ты́сяч; два миллио́на, пять миллио́нов.

Die Ordinalia (Ordnungszahlen)

72

1. пе́рвый, -ая, -ое	10. деся́тый	20. двадца́тый
2. второ́й, -а́я, -о́е	11. оди́ннадцатый	30. тридца́тый
3. тре́тий, тре́тья, тре́тье	12. двена́дцатый	40. сороково́й
	13. трина́дцатый	50. пятидеся́тый
4. четвёртый, -ая, -ое	14. четы́рнадцатый	60. шестидеся́тый
5. пя́тый	15. пятна́дцатый	70. семидеся́тый
6. шесто́й	16. шестна́дцатый	80. восьмидеся́тый
7. седьмо́й	17. семна́дцатый	90. девяно́стый
8. восьмо́й	18. восемна́дцатый	100. со́тый
9. девя́тый	19. девятна́дцатый	

73 Bei mehrgliedrigen Zahlwörtern nimmt nur das letzte Glied die Form des Ordinale an, z. B.:
37-й (три́дцать седьмо́й) авто́бус; в 1995 (ты́сяча девятьсо́т девяно́сто пя́том) году́.
Zur Deklination ↗ **58**.

ANHANG

Грамматический справочник

Die Präposition

Präposition			Frage	Kasus	Beispiel
у	**74**	bei, an	где?	G.	Ни́на ждёт ма́му у апте́ки.
			у кого́?		У Бори́са есть компью́тер. (↗ **82**)
из		aus	отку́да?	G.	Ральф из Германии. Он из Берлина.
во вре́мя		während	когда́?	G.	Во вре́мя кани́кул я ча́сто е́зжу в дере́вню.
по́сле		nach	когда́?	G.	По́сле шко́лы мы идём домо́й.
			по́сле чего́?		по́сле за́втрака (обе́да, у́жина)
с		von … an	с каки́х пор?	G.	Во́ва у́чит неме́цкий язы́к со второ́го кла́сса.
для		für	для кого́ (чего́)?	G.	Э́то но́ты для гита́ры.
от		von	от кого́?	G.	И́ра получи́ла письмо́ от Ка́трин.
недалеко́ от		unweit von	где?	G.	Остано́вка авто́буса недалеко́ от по́чты.
до		bis	до чего́?	G.	Как дойти́ до апте́ки?
от … до …		von … bis …		G.	От Му́рманска до Чёрного мо́ря – 4 ты́сячи км.
к	**75**	zu	к кому́?	D.	Та́ня идёт к ба́бушке.
			куда́?		
по		in	по како́му пред-ме́ту?	D.	По фи́зике у меня́ тро́йка.
		an	по каки́м дням?	D. Pl.	По вто́рникам у нас шесть уро́ков.
в	**76**	in, nach	куда́?	A.	Ле́том мы пое́дем в дере́вню.
		am, um	когда́?		В воскресе́нье бу́дут соревнова́ния.
					В два часа́ бу́дет конце́рт.
на		in, auf	куда́?	A.	Ребя́та иду́т на стадио́н.
че́рез		in	когда́?	A.	Лю́ба придёт че́рез час.
за		für	за что?	A.	Спаси́бо вам за всё.
с	**77**	mit	с кем?	I.	Ви́ктор дру́жит с Ни́ной.
			с чем?		бутербро́ды с колбасо́й (сы́ром)
ря́дом с		neben	ря́дом с чем?	I.	Гости́ница ря́дом со стадио́ном.
за		an, hinter, bei	за чем?	I.	Во́ва сиди́т за уче́бниками.
в	**78**	in, auf	где?	P.	Анто́н в шко́ле.
на		in, auf	где?	P.	Ни́на на конце́рте.
о		über	о ком?	P.	Расскажи́, пожа́луйста, о Макси́ме.
			о чём?		Та́ня и Ка́тя говоря́т о дискоте́ке.

ПРИЛОЖЕНИЕ

Грамматический справочник

Subjektlose Sätze

79 Ein subjektloser Satz mit einem Verb in der 3. Person Plural des Präsens/Futurs oder in der Pluralform des Präteritums bezeichnet eine Handlung, die von *unbestimmten Personen* ausgeführt wird: deutsche Wiedergabe durch „man“ oder durch Passiv.

Здесь **продаю́т** сувени́ры.	Hier verkauft man Souvenirs. Oder: ... werden ... verkauft.

80 Ein subjektloser Satz mit einem prädikativen Adverb (im Präteritum mit бы́ло, im Futur mit бу́дет) bezeichnet einen *Zustand.* Als Objekt steht oft der Dativ der Person. Z.B.:

Зимо́й (бы́ло) **хо́лодно.**	Im Winter ist es (war es) kalt.
Макси́му (бу́дет) **ску́чно.**	Maxim langweilt sich (wird sich langweilen).

Sein — haben

81 *Sein: (ich) bin, (du) bist ...* wird im Russischen ohne Verbform ausgedrückt. Z.B.:

Кто э́то?	Wer **ist** das?
Э́то И́на и Зо́я.	Das **sind** Ina und Soja.

82 *Haben, vorhanden sein* wird in der Regel durch есть + N. wiedergegeben. Der Besitzer wird durch die Wortgruppe у + G. bezeichnet. Z.B.:

У тебя́ **есть** брат?	**Hast** du einen Bruder?
Да, **есть**.	Ja.
У вас **есть** фотоаппара́т?	**Haben** Sie einen Fotoapparat?

83 Soll eine Anzahl oder eine Eigenschaft hervorgehoben werden, entfällt есть. Z.B.:

У тебя́ **оди́н** брат?	Hast du **einen** Bruder?
Нет, у меня **два** бра́та.	Nein, ich habe **zwei** Brüder.

84 *Nicht haben* wird durch нет + G. wiedergegeben. Z.B.:

У меня́ **нет** сестры́.	Ich habe keine Schwester.

Können — wollen

85 *Können: die Möglichkeit haben* kann wiedergegeben werden

– durch мочь (↗ **40**), z.B.:
  Я не **могу́** прие́хать. — Ich kann nicht kommen.

– durch subjektloses мо́жно (im Präteritum mit бы́ло, im Futur mit бу́дет), z.B.:
  Где **мо́жно** купи́ть пода́рки? — Wo kann man Geschenke kaufen?

86 *Können: die Fähigkeit haben* kann durch уме́ть wiedergegeben werden, z.B.:

Ты **уме́ешь** пла́вать?	Kannst du schwimmen?

87 *Wollen* kann wiedergegeben werden:

– durch хоте́ть (↗ **40**), z.B.:
  Я **хочу́** попро́бовать блины́. — Ich will (möchte) die Plinsen probieren.

– durch subjektloses хо́чется (Präteritum: хоте́лось) mit Dativ der Person, z.B.:
  Мне **хо́чется** есть. — Ich möchte etwas essen.

Грамматический справочник

Zeitangaben

Die Uhrzeit

88 Auf die Frage *Ско́лько вре́мени?* – Wie spät ist es? werden Stunden- und Minutenzahl aneinandergereiht.
Auf die Frage *когда́?* – wann? steht в + A.

(в) час	–	(um) 1 Uhr
(в) два час**а́** две мину́т**ы**	–	(um) 2^{02} Uhr
(в) пять час**о́в** пятна́дцать мину́т	–	(um) 5^{15} Uhr
(в) два́дцать два час**а́** три́дцать мину́т	–	(um) 22^{30} Uhr

Die Wochentage

89 Auf die Frage *когда́?* – wann? steht
в + A. oder по + D. Pl. (zur Kennzeichnung regelmäßiger Wiederholung).

дни неде́ли	**в** как**о́й** день?	**по** как**и́м** дн**ям**?
понеде́льник	**в** понеде́льник (am Montag)	**по** понеде́льник**ам** (montags)
вто́рник	**во** вто́рник	**по** вто́рник**ам**
среда́	**в** сре́д**у**	**по** сред**а́м**
...	...	...
воскресе́нье	**в** воскресе́нь**е**	**по** воскресе́нь**ям**

90 Beachte:

in dieser (der vergangenen, der kommenden) Woche	–	**на** э́т**ой** (про́шл**ой**, сле́дующ**ей**) неде́л**е**
in einer Woche	–	**че́рез** неде́л**ю**
vor einer Woche	–	неде́л**ю** **наза́д**

Die Monate

91 Auf die Frage *когда́?* – wann? steht в + P.

ме́сяцы	**в** как**о́м** ме́сяц**е**?
янва́рь	**в** январ**е́**
...	...
март	**в** ма́рт**е**
апре́ль	**в** апре́л**е**
май	**в** ма́**е**
...	...

92 Beachte:

in diesem (im vergangenen, im kommenden) Monat	–	**в** э́т**ом** (про́шл**ом**, сле́дующ**ем**) ме́сяц**е**
in einem Monat	–	**че́рез** ме́сяц
vor einem Monat	–	ме́сяц **наза́д**

Das Datum

93 Auf die Frage *Како́е сего́дня число́?* – Der wievielte ist heute? steht der Nominativ der Ordnungszahl (in der neutralen Form) und der Genitiv des Monatsnamens.

Auf die Frage *когда́? (како́го числа́?)* – wann? stehen Ordnungszahl und Monatsname im Genitiv.

Како́е сего́дня число́?	*когда́? (како́го числа́?)*
два́дцать пе́рв**ое** ма́**я**	два́дцать пе́рв**ого** ма́**я**
деся́т**ое** а́вгуст**а**	деся́т**ого** а́вгуст**а**

94 Die Jahresangabe erfolgt im Russischen – zum Unterschied vom Deutschen – durch eine Ordnungszahl; diese stimmt mit ihrem Bezugswort год in Genus, Numerus und Kasus überein.

Auf die Frage *в како́м году́?* – in welchem Jahr? steht в + P.

како́й год?	*в како́м году́?*
ты́сяча девятьсо́т	**в** ты́сяча девятьсо́т девяно́сто
девяно́сто пя́т**ый** год	пя́т**ом** год**у́**

95 Die dem Datum folgende Jahresangabe steht immer im Genitiv.

Како́е (сего́дня) число́?	*како́го числа́?*
два́дцать пе́рв**ое** ма́**я**	два́дцать пе́рв**ого** ма́**я**
ты́сяча девятьсо́т	ты́сяча девятьсо́т
девяно́сто пя́т**ого** го́д**а**	девяно́сто пя́т**ого** го́д**а**

Wortstellung

Verneinung einer Handlung durch не

96 Eine Handlung wird durch не verneint. Dabei steht не – zum Unterschied vom Deutschen – unmittelbar vor der konjugierten Verbform.
Vgl.: Er spricht nicht russisch. Он не говори́т по-ру́сски.

Personalpronomen als Subjekt

97 Wird das Subjekt in einer Ergänzungsfrage durch ein Personalpronomen ausgedrückt, so steht dieses – zum Unterschied vom Deutschen – vor dem verbalen Prädikat.
Vgl.: Was liest du? Что ты чита́ешь?

Personenname als Attribut

98 Wird ein Personenname als Genitivattribut gebraucht, so steht dieses Attribut – zum Unterschied vom Deutschen – stets hinter seinem Bezugswort.
Vgl.: Antons Schwester сестра́ Анто́на

Adverbialbestimmung der Art und Weise

99 Wird die Adverbialbestimmung der Art und Weise durch ein Adverb ausgedrückt, so steht dieses in der Regel – zum Unterschied vom Deutschen – vor dem verbalen Prädikat.
Vgl.: Er spricht gut russisch. Он хорошо́ говори́т по-ру́сски.

Mehrgliedrige Kardinalia ↗ **70**

Алфавитный словарь

Das alphabetische russisch-deutsche Wörterverzeichnis enthält außer den Numeralien (hierzu ↗ Г **69–73**):
– den Lernwortschatz des Lehrbuches (mit Kennzeichnung der Lektion, in der das betreffende Wort vermittelt wird) sowie
– nicht zum Lernwortschatz gehörende Wörter, die in Lesetexten auftreten und voraussichtlich nicht selbständig erschlossen werden können.

А

а C und, aber
áвгуст 10 August
автóбус 5 Autobus
áдрес 5 Anschrift, Adresse
Áзия 11 Asien
аллó C hallo
алфави́тный alphabetisch
альбóм с ви́дами ... 8 Bildband von ...
англи́йский 3 englisch
анекдóт Anekdote
апрéль 10 April
аптéка 5 Apotheke
архитектýрный 11 Architektur-
аттестáт 9 Abschlußzeugnis

Б

бáбушка C Oma, Großmutter
Балти́йское мóре 7 Ostsee
баскетбóл 1 Basketball
бассéйн C (Schwimm-)Bassin
бéгать (hin und her) laufen
без *mit G.* ohne
бéлый 8 weiß
бéрег 7 Ufer
берёзка Birke
библиотéка 5 Bibliothek
биолóгия 9 Biologie
близнецы́ 2 Zwillinge, Mehrlinge
блины́ 8 Plinsen
блю́до Gericht, Speise
богáтый reich
болтáть 12 schwatzen
бóльше 12 mehr
большóй 5 groß
брат 2 Bruder
бутербрóд 8 belegtes Brot, Sandwich
бывáть vorkommen
бы́стро *Adv.* 8 schnell
быть 6 sein, werden

В

в *mit A. (wohin?)* 3 in, nach; *(wann?)* 4 um, am; **в** *mit P. (wo?)* C in, auf
вáза 8 Vase
варéнье 8 russische Konfitüre
ваш C euer, Ihr *(Höflichkeitsf.)*
в гóсти (ходи́ть ~) 10 zu Besuch (gehen, kommen)
в гостя́х (быть ~) 10 zu Besuch (sein)
велосипéд 1 Fahrrad
вéсело *Adv.* 10 lustig
весéнний 13 Frühlings-
веснá 13 Frühling
веснóй *Adv.* 13 im Frühling
вéтер 13 Wind
вéчер 4 Abend
вечéрний 7 abendlich, Abend-
вéчером *Adv.* 4 abends, am Abend
взять *v.* 8 nehmen
вид 8 Ansicht
ви́деть 6 sehen
вкýсный schmackhaft
(я) **влюблён/влюбленá** (пó уши) 9 ich bin verliebt (über beide Ohren)
вмéсте 4 zusammen, gemeinsam
вначáле *Adv.* zu Beginn
внимáние 4 Achtung; Aufmerksamkeit
внук Enkel
во врéмя 11 *mit G.* während
води́ть (herum)führen
Водóй не разольёшь (их). 4 (Sie) halten wie Pech und Schwefel zusammen.
воéнный militärisch
вóздух 13 Luft
войнá Krieg
вокзáл 14 Bahnhof
волейбóл 1 Volleyball
вóлосы 6 Haare
вообщé *Adv.* 9 im allgemeinen
воскресéнье 6 Sonntag
востóк 11 Osten
востóчный 11 östlich, Ost-
вот C da (ist, sind)
  Вот и хорошó! 8 Das ist gut!
  Вот почемý ...! 3 Deswegen, also!
  Вот э́то здóрово! 10 Gut! Prima!
врéмя 4 Zeit
  врéмя пролетéло 8 die Zeit ist verflogen
все 7 alle
всё 4 alles
всегдá *Adv.* 6 immer
всегó *Adv.* insgesamt
всем 12 allen
(обо) **всём** 12 über alles
встать/вставáть aufstehen
встрéтить/встречáть *mit A.* begegnen, treffen; empfangen, begrüßen
встрéтиться/встречáться 12 sich treffen
встрéча 12 Begegnung
втóрник 9 Dienstag
входи́ть 11 eingehen, gehören zu
вы C ihr, Sie *(Höflichkeitsf.)*
выбирáть (aus)wählen
вы́бор 8 Auswahl
  вы́бор профéссии 9 Berufswahl

ПРИЛОЖЕНИЕ

Алфавитный словарь

высо́кий 11 hoch
вы́учить *v.* 6 lernen
вчера́ *Adv.* 6 gestern

Г

газе́та 1 Zeitung
гандбо́л 1 Handball
где C wo
геогра́фия 9 Geographie
Герма́ния C Deutschland
гимна́зия 9 Gymnasium
гимна́стика 7 Gymnastik
гита́ра C Gitarre
гла́вный Haupt-
глаз 6 Auge
говори́ть C ↗ **сказа́ть**
говори́ть по телефо́ну 1 telefonieren
год 3 Jahr
голова́ 6 Kopf
гора́ 11 Berg
го́ры *Pl.* Gebirge
го́род 5 Stadt
господи́н C Herr *(als Anrede)*
госпожа́ C Frau *(als Anrede)*
гости́ница 5 Hotel
гото́вить 7 kochen; vorbereiten
гра́дус 13 Grad
грани́ца 11 Grenze
грани́чить (an)grenzen
гроза́ 13 Gewitter
гру́ппа 3 Gruppe
гуля́ть 8 spazierengehen
густо́й dicht
гусь Gans

Д

да C ja
дава́й(те) 7 laß(t) (lassen Sie) uns!
дава́й поёдем 8 los, fahren wir
давно́ *Adv.* 8 längst, seit langem
даётся легко (нелегко) 9 fällt leicht (nicht leicht)
да́же 7 sogar
дай C gib
Да́льний Восто́к 11 Ferner Osten
да́льше C weiter
дари́ть 10 ↗ **подари́ть**
движе́ние 5 Verkehr
дво́йка 6 Zwei *(Note)*
де́вочка 4 *(kleines)* Mädchen
де́вушка 5 *(erwachsenes)* Mädchen
де́душка *m.* C Opa, Großvater
действи́тельно *Adv.* 14 wirklich
дека́брь 10 Dezember
де́лать 1 ↗ **сде́лать**
де́лать уро́ки 1 Schularbeiten machen
день 4 Tag
де́ньги *Pl.* 8 Geld
день рожде́ния 10 Geburtstag
дереве́нский 7 Dorf-, dörflich
дере́вня 5 Dorf
де́рево 13 Baum
деревя́нный 13 hölzern, Holz-
де́тство Kindheit
дешёвый 8 billig
дёшево *Adv.* 8 billig
диск 8 CD-Platte
дискоте́ка C Diskothek
длина́ 11 Länge
для *mit G.* 10 für
днём *Adv.* 4 tagsüber, am Tag
до *mit G.* 5 bis (nach)
До́брое у́тро! 4 Guten Morgen!
до́брый 12 gut, gütig
До́брый ве́чер! 4 Guten Abend!
До́брый день! 4 Guten Tag!
До встре́чи. 10 Bis zum nächsten Mal!
Договори́лись. 10 Abgemacht!
дождь 13 Regen
до́лго *Adv.* 6 lange
(он) **до́лжен** (er) muß, soll
дом 3 Haus
до́ма *Adv.* 2 zu Hause
дома́шний Haus-
домо́й *Adv.* 3 nach Hause
доро́га 5 Weg, Straße
до́рого *Adv.* 8 teuer
дорого́й 7 lieb, wert; teuer
До свида́ния! C Auf Wiedersehen!
доска́ C Tafel
достопримеча́тельность *f.* 11 Sehenswürdigkeit
дре́вний 5 alt, altertümlich
друг 2 Freund
друг дру́гу einer dem andern, einander
друго́й 9 anderer
дру́жба 6 Freundschaft
дружи́ть 4 befreundet sein
ду́мать 4 ↗ **поду́мать**
Дуна́й 11 Donau
дя́дя *m.* 3 Onkel

Е

Евро́па 11 Europa
европе́йский 9 europäisch
его́ 2 ihn; 13 sein(e)
едини́ца 9 Eins
её 2 sie; 13 ihr(e)
е́здить 11 fahren *(nicht nur in eine Richtung)*
ей C *(wem?)* ihr
ёлка 10 Fichte, Tanne; Weihnachtsbaum, Neujahrstanne
ему́ C ihm
есть (у кого́) 2 (wer) hat
есть 8 essen
е́хать 7 fahren
ещё C noch
ещё раз 5 noch einmal

Ж

жаль 6 schade
жа́ркий 13 heiß
жа́рко *Adv.* 13 heiß
ждать 6 warten
жела́ть 10 wünschen
желе́зная доро́га 14 Eisenbahn
жёлтый 8 gelb
жена́ Ehefrau
же́нщина 5 Frau
живо́тное 6 Tier
жира́ф C Giraffe

Алфавитный словарь

жить 5 wohnen, leben
журна́л 1 Zeitschrift

З

за *mit A.* 10 für; **за** *mit I. (wo?)* 7 an hinter, bei
за́втра *Adv.* 7 morgen
за́втрак 4 Frühstück
за́втракать 4 ↗ **поза́втракать**
загора́ть 13 sich sonnen
зада́ча Aufgabe
зако́н Gesetz
замеча́тельный großartig
занима́ться 9 sich beschäftigen
за́пад 11 Westen
за́падный 11 westlich, West-
запо́мнить *v.* 10 sich einprägen
звон 7 Läuten, Ton
звони́ть 6 ↗ **позвони́ть**
зда́ние 5 Gebäude
здесь *Adv.* 5 hier
здоро́вье 10 Gesundheit
Здра́вствуй(те)! C Guten Tag!
зелёный 8 grün
земля́ 14 Erde, Land
  федера́льная земля́ 14 Bundesland
зе́ркало 8 Spiegel
зима́ 13 Winter
зи́мний 13 winterlich, Winter-
зимо́й *Adv.* 13 im Winter
знамени́тый 8 berühmt
знать 4 wissen
зна́чит 7 also; das heißt
значо́к 8 Abzeichen
зову́т: меня́ зову́т C ich heiße
золото́й Gold-
зоопа́рк C Tierpark

И

и und
игра́ть 1 spielen
  игра́ть на гита́ре 1 Gitarre spielen
идти́ 3 gehen
из *mit G.* C aus
  из вас 2 von euch, von Ihnen
Извини́(те)! 5 Verzeihung!
изуча́ть *mit A. etwas* lernen
икра́ 8 Kaviar
и́ли 2 oder
и́мени mit Namen
и́мя *n.* 5 Vorname
иногда́ *Adv.* 6 manchmal
иностра́нный 9 ausländisch, Fremd-
инструме́нт 8 Instrument
интере́с 12 Interesse
интере́сно *Adv.* 3 interessant
интере́сный 6 interessant
интересова́ться *mit I.* 12 sich interessieren *für*
испа́нский 3 spanisch
исто́рия 9 Geschichte
их *Pl.* 13 ihr(e)
ию́ль 10 Juli
ию́нь 10 Juni

К

к *mit D.* 3 zu
ка́ждый 6 jeder
ка́жется 12 es scheint
как C wie
  Как дела́? 1 Wie geht es?
  Как дойти́ до ...? 5 Wie kommt man zu ...?
  Как по-неме́цки ...? 1 Wie heißt deutsch ...?
како́й 3 welcher, was für ein
калькуля́тор 2 Taschenrechner
кани́кулы 7 Ferien
капу́ста 8 (Weiß-)Kohl
каранда́ш C Bleistift
карнава́л 10 Karneval, Fasching
ка́рта C Karte
карти́на 13 Bild
кассе́та 6 Kassette
кассе́тник 2 Kassettenrecorder
ката́ться 1 fahren
  ката́ться на велосипе́де 1 radfahren
кварти́ра 5 Wohnung
квас 8 Kwas
кефи́р 8 Kefir
киломе́тр 11 Kilometer
кино́ *unveränderlich* 6 Kino
кинотеа́тр 5 Kino
класс C Klasse, Klassenraum
кле́тка Käfig
клуб 7 Klub
кни́га C Buch
князь Fürst
когда́ 4 wann; als
ко́ла 8 Cola
колбаса́ 8 Wurst
кома́нда 7 Mannschaft
ко́мната C Zimmer
компози́тор 8 Komponist
компью́тер 2 Computer
компью́терный 12 Computer-
кому́ 3 wem, an wen
коне́ц Ende
коне́чно 4 selbstverständlich, natürlich
контине́нт 11 Kontinent
конце́рт 3 Konzert
конча́ть 7 ↗ **ко́нчить**
конча́ться 10 enden
ко́нчить/конча́ть *mit A.* 7 *etwas* beenden
копе́йка 8 Kopeke
кора́бль Schiff
коро́ткий kurz
костёр Lagerfeuer
кото́рый der, welcher *(Relativpronomen)*
ко́фе *unveränderlich m.* 8 Kaffee
ко́шка C Katze
край Land, Gebiet
краси́вый 5 schön
кра́сный 5 rot
кре́пость *f.* Festung
крича́ть schreien
крокоди́л C Krokodil
кро́ме того́ 12 außerdem
круг Kreis

ПРИЛОЖЕНИЕ

к сожале́нию 5 leider
кто C wer
куда́ 3 wohin
купа́ться 7 baden
купе́ц Kaufmann
купи́ть/покупа́ть 8 kaufen

Л

ла́мпа C Lampe
лати́нский 3 lateinisch
лёгкий 9 leicht
легко́ *Adv.* 9 leicht
лежа́ть C liegen
лес 13 Wald
лета́ть 14 fliegen *(nicht nur in einer Richtung)*
лете́ть 14 fliegen *(in einer Richtung)*
ле́тний 10 sommerlich, Sommer-
ле́то 13 Sommer
ле́том 7 im Sommer
лимона́д 8 Limonade, Brause
лине́йка C Lineal
литерату́ра 9 Literatur
лицо́ 6 Gesicht
лови́ть 7 fangen
ло́дка 7 Boot
лома́ть zerbrechen
лу́чше(, чем) 4 besser (als)
лы́жи 13 Skier
люби́мый 3 Lieblings-
люби́ть 1 lieben, gern haben
любо́вь *f.* Liebe
лю́ди 8 Menschen

М

магази́н C Laden, Geschäft
май 10 Mai
ма́йский 10 Mai-
ма́ленький 5 klein
ма́ло *Adv.* 7 wenig
ма́льчик 4 Junge
ма́ма C Mama, Mutti
ма́рка C Marke
март 10 März
мастери́ть 12 basteln
матема́тика 6 Mathematik
матрёшка 8 Matrjoschka
маши́на 2 Auto; Maschine
ме́жду *mit I.* 11 zwischen
меня́ C mich
ме́стный 5 Orts-
ме́сто 5 Platz, Ort; Gegend
ме́сяц 10 Monat
метро́ *unveränderlich* 5 Metro, U-Bahn
миллио́н 11 Million
мину́та 4 Minute
мир 5 Frieden; Welt
мирово́й 9 Welt-
мне C mir
Мне … лет. C Ich bin … Jahre alt.
Мне хо́чется есть (пить). 8 Ich möchte essen (trinken).
мно́го *Adv.* 2 viel
мо́жет быть 12 vielleicht
мо́жно 8 man kann
мой 2 mein
молоде́ц 7 großartiger Mensch, Prachtkerl
молодо́й 8 jung
молоко́ 8 Milch
мо́ре 7 Meer, die See
морепла́вание Seefahrt
моро́женое 8 Eis
моро́з Frost
москви́ч 8 Moskauer
мост 7 Brücke
мочь 6 können, in der Lage sein
мужчи́на 5 Mann
музе́й 5 Museum
му́зыка 1 Musik
музыка́льный 8 Musik-
мы C wir
мыть 6 waschen, putzen
мя́со 8 Fleisch

Н

на *mit A. (wohin?)* 3 in, auf; **на** *mit P. (wo?)* C in, auf
наве́рно *Adv.* 12 wahrscheinlich
над *mit I.* über
на́до 5 man muß
на́дпись *f.* Aufschrift
наза́д 14 vor, zurückliegend; zurück
назва́ние 13 Bezeichnung
называ́ется 5 heißt
найти́ *v.* finden
наконе́ц *Adv.* 13 endlich, zum Schluß
нале́во *Adv.* 5 nach links
написа́ть/писа́ть 6/3 schreiben
напра́во *Adv.* 5 nach rechts
наприме́р 11 zum Beispiel
напро́тив 5 gegenüber
нарисова́ть/рисова́ть 6 zeichnen, malen
наро́дный 7 Volks-
насто́льный те́ннис 7 Tischtennis
находи́ться 5 sich befinden
нача́ть *v. mit A. etwas* beginnen
начина́ться 10 beginnen
наш C unser
не C nicht
недалеко́ 5 nicht weit; недалеко́ от *mit G.* nicht weit von, unweit
неде́ля 9 Woche
недо́рого *Adv.* 8 nicht teuer
не́которые 11 einige
нелегко́ *Adv.* 9 nicht leicht
не́мец C Deutscher
неме́цкий 3 deutsch
не́мка C Deutsche
немно́го C etwas, ein wenig
не́сколько 8 einige
нет C nein
нет (не́ было) вре́мени 6 es ist (war) keine Zeit
никогда́ 14 niemals, nie
Ни пу́ха ни пера́! 4 Hals- und Beinbruch!
ничего́ 1 nichts; macht nichts, es geht
но́вый C neu
Но́вый год 10 Neujahr
нога́ 6 Fuß, Bein
ноль C Null
но́мер C Nummer

Алфавитный словарь

нормально *Adv.* 1 normal
нос 6 Nase
ноты 10 Noten *(musikal.)*
ночь *f.* 13 Nacht
ночью *Adv.* 13 nachts
ноябрь 10 November
нравиться 8 gefallen
Ну, что ты! 13 Wo denkst du hin! Im Gegenteil ...

О

о *mit P.* 1 über, von
обед 4 Mittag
обедать 4 ↗ **пообедать**
область *f.* Gebiet
образование Bildung
обратно 14 zurück
общий 12 gemeinsam
обычно *Adv.* 9 gewöhnlich
обязательно *Adv.* 13 unbedingt
овощи *Pl.* 13 Gemüse
огород 13 Gemüsegarten
огромный 11 riesig, gewaltig
однажды einst
озеро 11 der See
океан 11 Ozean
окно C Fenster
около *mit G.* ungefähr, etwa
окончание 9 Beendigung
октябрь 10 Oktober
он C er
она C sie
они C sie *(Pl.)*
оно C es
осадки Niederschläge
осенний 10 herbstlich, Herbst-
осень *f.* 13 Herbst
осенью *Adv.* 13 im Herbst
основан 11 gegründet
(он) был основан (er) wurde gegründet
основание Gründung
основатель Begründer
основать *v.* gründen
особенно 7 besonders
остальной restlich, übrig
остановка 5 Haltestelle
остров Insel
от *mit G.* 5 von
ответить/отвечать 6 antworten
ответь! 5 antworte!
отдельный einzeln
отдых Erholung
открытка 7 Post(Ansichts-)karte
откуда 2 woher
отлично *Adv.* 12 ausgezeichnet
отличный 12 ausgezeichnet
отметка 9 Zensur
отмечать begehen, feiern
отсюда *Adv.* 5 von hier
оттуда *Adv.* 7 von dort, daher
очень C sehr
охота 13 Jagd

П

палец 6 Finger, Zehe
памятник 5 Denkmal
папа C Papa, Vati
парк C Park
Пасха 10 Ostern
пасхальный 10 Oster-
переход 5 Übergang
песня 7 Lied
петь 7 singen
пешком 14 zu Fuß
пирожок 8 Pirogge
писатель 8 Schriftsteller
писать 3 ↗ **написать**
письмо 2 Brief
пить 8 trinken
план 7 Plan
пластинка 8 Schallplatte
Платите в кассу! 8 Zahlen Sie an der Kasse!
платок 8 Tuch
плохо *Adv.* C schlecht
плохой 12 schlecht
площадь *f.* 5 Platz; Fläche
по *mit D.* 7 *(worin?)* in; **по** *mit D. Pl.* *(wann?)* 9 an
по-английски *Adv.* C englisch
победа Sieg
победить *v.* (be)siegen
побежать *v.* (los)laufen
повтори(те) 5 wiederhole (wiederholt, wiederholen Sie)
погода 13 Wetter
под *mit I.* unter
подарить/дарить 10 schenken
подарок C Geschenk
подруга 2 Freundin
подумать/думать 10/4 denken, glauben; nachdenken
поезд 13 Zug
поездка 14 Reise
поехать *v.* 7 fahren, losfahren
пожалуйста C bitte
позавтракать/завтракать 8/4 frühstücken
позавчера 6 vorgestern
позади *Adv.* 7 vergangen, vorbei
позвонить/звонить 6 anrufen
поздравить/поздравлять 10 beglückwünschen
позже später
по-испански *Adv.* 3 spanisch
пойдём 6 laß(t) uns gehen, gehen wir
пойти *v.* 6 gehen, losgehen
Пока! 3 Mach's gut! Bis später!
покажи C zeige
покупатель 8 Käufer
покупать 8 ↗ **купить**
по-латыни *Adv.* 3 lateinisch
полёт 14 Flug
положиться *v.* на *mit A.* 12 sich verlassen auf
получить/получать 6 erhalten
помогать 6 helfen
по-моему 12 meiner Meinung nach
понедельник 9 Montag
по-немецки *Adv.* C deutsch
понимать 5 verstehen
пообедать/обедать 8/4 Mittagessen
попробовать/пробовать 8 probieren
попугай C Pagagei

ПРИЛОЖЕНИЕ

Алфавитный словарь

порт Hafen
портре́т 6 Porträt, Bildnis
по-ру́сски *Adv.* C russisch
поры́вистый stoßweise, heftig
посети́ть/посеща́ть besuchen
по́сле *mit G. (wann?)* 4 nach
после́дний 14 letzter
послеза́втра 7 übermorgen
посмотре́ть/смотре́ть 8/1 sehen, betrachten, besichtigen
посове́товать/сове́товать 14 raten, empfehlen
постара́ться/стара́ться 9 sich bemühen, etwas versuchen
(он был) **постро́ен** (er wurde) gebaut
посу́да 6 Geschirr
по-тво́ему 12 deiner Meinung nach
пото́м 5 danach, dann
поу́жинать/у́жинать 8/4 zu Abend essen
поуро́чный Lektions-
по-францу́зски *Adv.* C französisch
похо́д 14 Wanderung, Exkursion
почему́ 6 warum
по́чта 5 Post
почти́ *Adv.* fast
почто́вый и́ндекс 5 Postleitzahl
поэ́тому *Adv.* 7 deshalb, deswegen
праба́бушка 3 Urgroßmutter
(он был) **прав** (er hatte) recht
пра́вда 12 Wahrheit; das ist wahr
праде́душка 3 Urgroßvater
пра́здник 10 Feiertag
пра́здновать 10 feiern
предме́т 9 (Schul-, Unterrichts-)Fach
прекра́сно *Adv.* 8 herrlich, schön
преподава́ние Unterricht
приблизи́тельно *Adv.* 11 etwa, ungefähr
Приве́т! 3 Grüß dich!
пригласи́ть/приглаша́ть 10 einladen
приглаше́ние 10 Einladung
прие́хать/приезжа́ть 13 ankommen
прийти́ *v. zu* приходи́ть 10 kommen
приложе́ние Anhang
принести́ *v.* herbeitragen
приро́дный Natur-
про́бовать 8 ↗ **попро́бовать**
прогно́з 13 Vorhersage
продаве́ц 8 Verkäufer
продавщи́ца 8 Verkäuferin
продаю́т 8 man verkauft
про́сто *Adv.* 12 einfach
просто́й 12 einfach
профессиона́льное учи́лище 9 Berufsschule
проходи́ть 11 verlaufen, führen
прохо́жий 5 Passant
прочита́ть/чита́ть 6/1 lesen
пря́мо 5 geradeaus
прямо́й 12 offen, direkt
путеше́ствие 12 Reise
путеше́ствовать 12 reisen
пятёрка 9 Fünf
пя́тница 9 Freitag

Р

рабо́та 12 Arbeit
рабо́тать 4 arbeiten
ра́дио *unveränderlich* 1 Radio
раз 5 mal, einmal
ра́зве 7 etwa, denn
разгова́ривать 8 sich unterhalten
ра́зный verschieden
райо́н го́рода 8 Stadtteil, Bezirk
райо́нный центр 13 Kreisstadt
рак Krebs
ра́ньше 12 früher
расписа́ние уро́ков 9 Stundenplan
(он) **располо́жен** 11 (er) liegt
рассказа́ть/расска́зывать 12 erzählen
расти́ 13 wachsen
ребя́та C Kinder, Jugendliche
регио́н 11 Region, Gebiet
рези́нка C Radiergummi
река́ 5 Fluß
ремесло́ Handwerk
ремо́нт 7 Reparatur, Renovierung
рестора́н C Restaurant
реце́пт 7 Rezept
реши́ть/реша́ть beschließen; lösen
рисова́ть 6 ↗ **нарисова́ть**
ро́вно *Adv.* 4 genau, gerade
роди́тели 7 Eltern
роди́ться *v.* 11 geboren werden
родно́й 11 heimatlich, Heimat-
ро́дственник 11 Verwandter
Рождество́ 10 Weihnachten
рок-конце́рт 3 Rockkonzert
роль 9 Rolle
Росси́я C (Росси́йская Федера́ция) Rußland
рот 6 Mund
рука́ 6 Hand, Arm
рубль 8 Rubel
ру́сская *f.* C russisch, Russin
ру́сский C russisch, Russe
  ру́сский язы́к 3 russische Sprache, Russisch
ру́чка C (Füll-)Federhalter
ры́ба 7 Fisch
рыболо́в 7 Angler
ры́нок 13 Markt
ряд Reihe
ря́дом 5 nebeneinander, daneben
  ря́дом с *mit I.* 5 neben

С

с *mit I.* 4 mit
с *mit G.* 9 von ... an, seit
сад 6 Garten
сади́тесь C setzt euch, setzen Sie sich
сам(а́) er (sie) selbst
самолёт 14 Flugzeug
са́нки *Pl.* 13 Schlitten
сверни́(те) 5 biege ein (biegt ein, biegen Sie ein)
све́тлый hell
свобо́дное вре́мя 9 Freizeit
своди́ть (глаза́) abwenden
свой 13 sein; ihr
сде́лать/де́лать 6/1 tun, machen
се́вер 11 Norden

Алфавитный словарь

се́верный 11 nördlich, Nord-
сего́дня 3 heute
сейча́с 4 jetzt, gleich
семья́ 1 Familie
сентя́брь 10 September
серьёзно *Adv.* 12 ernst, ernsthaft
серьёзный 12 ernst, ernsthaft
сестра́ 2 Schwester
Сиби́рь 11 Sibirien
сиде́ть 4 sitzen
си́льный 13 stark
си́ний 8 (dunkel)blau
скажи́(те) 4 sage (sagt, sagen Sie)
сказа́ть/говори́ть 6/C sagen
скворе́ц Star *(Vogel)*
с кем 4 mit wem
ско́лько C wieviel
  Ско́лько вре́мени? 4 Wie spät ist es? Wie lange ...?
  Ско́лько сто́ит (сто́ят) ...? 8 Wieviel kostet (kosten) ...?
  Ско́лько тебе́ лет? C Wie alt bist du?
ско́ро 7 bald
ску́льптор Bildhauer
скульпту́ра Skulptur
ску́чно *Adv.* 13 langweilig
ску́чный 13 langweilig
сла́бый 13 schwach, leicht
сле́дующий 14 nächster
сли́шком *Adv.* 12 zu, zu viel, zu sehr
слова́рь Wörterbuch, -verzeichnis
сло́во 6 Wort
слу́шать 1 hören, zuhören
слы́шать 13 hören (*im Sinne von* wahrnehmen, vernehmen)
смея́ться lachen
смотре́ть 1 ↗ **посмотре́ть**
  смотре́ть телеви́зор 1 fernsehen
снача́ла 6 zuerst, erst
снег 13 Schnee
снежки́ 13 Schneebälle
соба́ка 2 Hund
собира́ть 7 sammeln
собира́ться sich versammeln
собо́р 11 Dom, Kathedrale
сове́товать 14 ↗ **посове́товать**
совреме́нный 12 modern
согла́сен (согла́сна) 10 (er ist) einverstanden (sie ist einverstanden)
со́здан (создана́) gegründet
сок 8 Saft
соревнова́ние 7 Wettkampf
соро́ка Elster
соси́ска 8 Würstchen
сосно́вый 13 Kiefern-
сохрани́ться *v.* sich (er)halten
спаси́бо C danke
спецшко́ла 9 Spezialschule
спорт 1 Sport
спра́вочник Nachschlagewerk
спроси́ 5 frage
спроси́ть/спра́шивать 6 fragen
среда́ 9 Mittwoch
сре́дняя шко́ла 9 Mittelschule
стадио́н 3 Stadion
ста́нция 5 Station
стара́тельно *Adv.* 12 fleißig, sorgfältig
стара́тельный 12 fleißig, sorgfältig
стара́ться 9 ↗ **постара́ться**
ста́рый 5 alt
стать *v.* 4 (etwas) werden
стать *v.* (что де́лать) (etwas zu tun) beginnen
стена́ 1 Wand; Mauer
стихи́ 8 Verse
стол C Tisch
столи́ца 5 Hauptstadt
стоя́нка 5 Parkplatz, Taxihaltestelle
стоя́ть C stehen
страна́ 11 Land
страни́ца 6 Seite
строи́тельство Bau
стро́ить bauen
стул C Stuhl
суббо́та 9 Sonnabend, Samstag
сувени́р 8 Souvenir, Andenken
с удово́льствием 10 mit Vergnügen, gern
су́мка C (Schul-)Tasche
сфотографи́ровать/фотографи́ровать 12 fotografieren
сыр 8 Käse
сча́стье 10 Glück

Т

тайга́ 14 Taiga
так 13 so
такси́ *n.* 5 Taxi
таксофо́н 5 Telefonzelle
там 3 dort
та́нец 12 Tanz
танцева́ть 1 tanzen
та́нцы *Pl.* 10 Tanzveranstaltung
твой 2 dein
теа́тр 5 Theater
тебе́ C dir
тебя́ C dich
телеви́зор 1 Fernsehapparat
телефо́н C Telefon
температу́ра 13 Temperatur
те́ннис 1 Tennis
тепе́рь 9 jetzt
тепло́ *Adv.* 13 warm
тёплый 13 warm
террито́рия 11 Territorium
тётя 3 Tante
те́хника 12 Technik
тигр C Tiger
типи́чный 8 typisch
Ти́хий океа́н 11 Stiller Ozean
тогда́ damals, dann
то́же C auch
то́лько 5 nur
топо́р Beil, Axt
торгова́ть handeln
торго́вля Handel
торго́вый путь Handelsstraße
то́чно *Adv.* 13 genau, ordentlich
трамва́й 5 Straßenbahn
транссиби́рский 14 transsibirisch
Транссиби́рская желе́зная доро́га 14 Transsibirische Eisenbahn
трениро́вка 7 Training

ПРИЛОЖЕНИЕ

Алфавитный словарь

треть *f.* Drittel
Тро́ица 10 Pfingsten
тро́йка 9 Drei
тролле́йбус 5 Obus
труд 9 Arbeit
тру́дный 9 schwer, schwierig
туда́ *Adv.* 11 dorthin
тури́ст 8 Tourist
ты C du

У

у *mit G.* 2 *jemand* hat; 5 bei, an
убира́ть 6 aufräumen, saubermachen
увлека́ться *mit I.* 12 sich begeistern
увлече́ние 12 Begeisterung
удовлетвори́тельно *Adv.* befriedigend
уже́ 2 schon, bereits
у́жин 4 Abendbrot
у́жинать 4 ↗ **поу́жинать**
ука́з Befehl, Verordnung
У кого́ есть ...? 2 Wer hat ...?
У кого́ нет ...? Wer 2 hat kein(-en) ...?
украша́ть schmücken
у́лица 5 Straße
У меня́ (тебя́, нас, вас) есть ... 2 Ich habe (du hast, wir haben, ihr habt, Sie haben) ...
У меня́ (тебя́, нас, вас) нет ... 2 Ich habe (du hast, wir haben, ihr habt, Sie haben) kein(-e, -en) ...
умере́ть *v.* 11 sterben
уме́ть 7 können, imstande sein
универма́г 8 Kaufhaus
уро́к 1 Unterrichtsstunde; Hausaufgabe; Lektion
успе́х 10 Erfolg
уста́ть *v.* müde sein
у́тро 4 Morgen
у́тром 4 morgens, am Morgen
у́хо, *Pl.* у́ши 6 Ohr
уче́бник 7 Schulbuch, Lehrbuch
уче́бный 7 Schul-
учи́тель C Lehrer
учи́тельница 4 Lehrerin
учи́ть *mit A.* 3 *etwas* lernen; *jemanden* lehren
учи́ться 9 lernen

Ф

факультати́в 9 Wahlfach
фами́лия 5 Zuname, Familienname
февра́ль 10 Februar
федера́льный 14 Bundes-
фи́зика 9 Physik
физкульту́ра 9 Sport
фильм 6 Film
флома́стер C Filzstift
фотоаппара́т 2 Fotoapparat
фотографи́ровать ↗ **сфотографи́ровать**
фотогра́фия 2 Fotografie, Aufnahme
францу́зский 3 französisch
фру́кты *Pl.* 13 Früchte, Obst
футбо́л 1 Fußball

Х

хи́мия 9 Chemie
хо́бби *unveränderlich n.* 12 Hobby
ходи́ть 6 gehen *(nicht nur in eine Richtung)*
хозя́ин 13 Hausherr, Besitzer
хозя́йка 13 Hausherrin, Besitzerin
хокке́й 1 Eishockey
хо́лодно *Adv.* 13 kalt
холо́дный 13 kalt
хоро́ший 7 gut
хорошо́ *Adv.* C gut
хоте́ть 7 wollen, mögen
худо́жник 8 Künstler, Maler
худо́й mager, abgemagert

Ц

ца́рствовать herrschen
цветно́й 8 bunt
цветы́ 3 Blumen
це́лый 6 ein ganzer
це́нтр 5 Zentrum
церко́вный kirchlich, Kirchen-
це́рковь *f.* 8 Kirche

Ч

чай 8 Tee
час 4 Stunde
ча́сто 6 oft
часть *f.* 11 Teil
часы́ *Pl.* 4 Uhr
челове́к 6 Mensch
чем 4 als
че́рез *mit A.* 7 über, durch; *(wann?)* 14 in
Чёрное мо́ре 11 Schwarzes Meer
чёрный 8 schwarz
четве́рг 9 Donnerstag
четвёрка 9 Vier
число́ 10 Zahl, Datum
чита́ть 1 ↗ **прочита́ть**
что C was; 4 daß

Ш

ша́хматный турни́р 4 Schachturnierkampf
ша́хматы *Pl.* 1 Schach, Schachspiel
шашлы́к 8 Schaschlyk
шестёрка 9 Sechs
шко́ла 3 Schule

Э

эта́ж 9 Stockwerk, Etage
э́то C das (ist, sind)
э́тот (э́та, э́то; э́ти) 8 dieser

Ю

юг 11 Süden
ю́жный 11 südlich, Süd-
ю́ноша 5 junger Mann, Jugendlicher

Я

я C ich
я́блоко Apfel
я́годы 13 Beeren
язы́к 3 Sprache
янва́рь 10 Januar
я́сно 9 (es ist) klar